GAOXIAO CAIWU NEIBU KONGZHI
ZHIDU YANJIU

高校财务内部控制
制度研究

王 刚◎著

山西出版传媒集团
山西经济出版社

图书在版编目（ＣＩＰ）数据

高校财务内部控制制度研究 / 王刚著. -- 太原：
山西经济出版社，2023.1
　ISBN 978-7-5577-1024-8

　Ⅰ．①高… Ⅱ．①王… Ⅲ．①高等学校－财务管理－
研究－中国 Ⅳ．①G647.5

　中国版本图书馆CIP数据核字(2022)第150903号

高校财务内部控制制度研究

著　　　者：王　刚
责任编辑：郭正卿
装帧设计：中北传媒

出 版 者：山西出版传媒集团·山西经济出版社
地　　　址：太原市建设南路21号
邮　　　编：030012
电　　　话：0351-4922133（市场部）
　　　　　　0351-4922085（总编部）
Ｅ－ｍａｉｌ：scb@sxjjcb.com
　　　　　　zbs@sxjjcb.com

经 销 者：山西出版传媒集团·山西经济出版社
承 印 者：艺通印刷（天津）有限公司

开　　　本：710mm×1000mm　　1/16
印　　　张：14.25
字　　　数：200千字
版　　　次：2023年1月　第1版
印　　　次：2023年1月　第1次印刷
书　　　号：ISBN 978-7-5577-1024-8
定　　　价：70.00元

前　言

　　目前，高校的数量及其生源日益增多，资金来源和支出也呈现出多样化的态势。如何更好地规范经济活动，使高校持续、健康、稳定地发展，已经成为当前高校面临的主要问题。高校规范经济活动的关键在于财务内部控制制度，只有建立健全的财务内部控制制度，对资金进行合理的规划，才能从根本上规范高校经济活动，从而使高校财务行为更具合理性和科学性，减少财务风险。

　　高校财务内部控制，是指高校为规范高校的会计行为，保证会计资料真实性、完整性，防止并及时发现、纠正错误及舞弊行为，保护高校资产的安全性、完整性，确保有关法律法规和规章制度的贯彻执行等而制订和实施的一系列控制方法、措施和程序。高校内部会计控制的设计与实施，是高校财务管理与控制的一项非常重要的控制各种风险、提高高校管理水平和效益的基础工作。

　　高校财务内部控制不是以经济收益为主要目的。高校内部控制主体广泛，不仅应包括各个学院的各行政部门，还应包括校医院、校办企业以及后勤部门等的财务工作，且在财务核算方面也更为复杂，因为高校内部不仅有教学科研部门、服务性部门，还有生产性单位，这些部门之间经营活动差异较大。随着高等教育体制的改革，高校资金来源渠道多样化，如政府拨款、学费、社会捐款、银行贷款等，资金支出也种类繁多，包括基础设施的建设、教学科研支出和学生补助等，资金收入和支出的多样化无疑增加了财务内部控制的难度。

高校财务管理是高校正常运行的关键，也是高校内部管理的重要组成方面。如果在财务管理上出现偏差，就会给高校整体造成很大的负面影响。所以高校要加强对高校内部的管理措施，紧抓财务管理制度，制订严格的财务管理制度，全面地从各个方面监督和控制高校财务的支出，使得高校能够按正常的秩序运转。那么，高校财务内部控制及其制度建设究竟该如何做？《高校财务内部控制制度研究》一书将提供具体的方式方法。

本书通过十二个章节展开：第一章"高校财务内部控制存在的问题及对策"，先从高校财务内部控制及其必要性入手，分析高校财务内部控制存在的预算管理、机构设置、财务风险、内部审计等方面的问题，讨论编制和落实财务预算并建立绩效考核机制，改善财务内控环境并制订会计内控制度，建立健全行之有效的风险防范机制等；第二章"高校财务内部风险分析与防控新思路"，列举高校财务内部预算控制存在的问题，分析高校内部控制与财务风险，并提出高校财务内部预算控制的网络报销新思路；第三章"高校财务内部管理的核心：财务预算"，分析高校财务预算存在的问题与精细化管理，探讨全面预算管理模式下的财务分析体系构建，给出绩效管理视觉下的高校财务预算策略，并简要介绍无现金结算这种高校财务内部结算新模式；第四章"高校财务内部控制的重心：会计核算"，分析高校会计核算中存在的问题，给出解决高校会计核算存在问题的建议，并就建立健全高校财务内部稽核制度问题进行探讨；第五章至第十二章立足实务，分别讨论"高校财务信息化建设""构建高校财务激励机制""高校财务绩效评价""高校财务中报账对账工作""高校财务窗口高效服务""高校财务电子档案管理""高校财务收入与支出管控""高校财务资产管理"等议题，并给出操作指南。希望通过对这些议题的讨论，能够推动高校建立和完善财务内部控制及其制度建设。

本书注重理论与实践相结合，并且提出了有针对性的、切实可行的建议，适合高校领导者、高校相关专业教师及高校财务工作人员阅读，同时，对于喜欢研究高校财务内部控制制度的朋友，也是一部不可多得的读物。

目　录

第一章　高校财务内部控制存在的问题及对策

高校财务内部控制是高校内部控制的一个非常重要的核心环节，在教育体制和人事制度改革不断深入的形势下，高校要更好地加强财务内部控制工作。本章先从高校财务内部控制及其必要性说起，再分析高校财务内部控制存在的预算管理、机构设置、财务风险、内部审计等方面的问题，最后讨论编制和落实财务预算并建立绩效考核机制，改善财务内控环境并制订会计内控制度，建立健全行之有效的风险防范机制等应对策略。

第一节　加强高校财务内部控制的必要性

随着我国高等教育体制的改革，高校的办学规模迅速扩大，筹资渠道日趋多样化，高校经济业务日趋复杂化，财务管理的难度不断加大，对财务管理人员也提出了更高的要求。只有加强财务内部控制，才能适应高校管理体制改革不断深化的需要，促进高校财务廉政建设，有效开展高校财务内部控制工作，降低高校财务风险，提高高校绩效评价效果，从而促进高校持续、稳定、健康、和谐的发展。

一、高校财务内部控制及其特征

财务内部控制的概念于 20 世纪初期被提出，随后在企业界得到广泛推崇。所谓内部控制，是指在一个企业中如果想做到优秀的内部控制，就需要在本单位采取一些控制方法和手段，这里包括自我调节、约束、规划和评价。只有将措施更好地实施，才能确保经营方针的贯彻执行，同时保护资产安全的完整性，以及经营活动的经济性、效率性和有效性。

对于高校来说，在财务的内部控制方面，需要在贯彻上述内部控制定义的基础上，适当配合高校的其他内部制度，在确保以高校资产安全为前提的实践中，做到最大限度地减少财务的损失，降低财务的风险，维护高校的声誉，在日常活动和教研活动中做到有秩有序，相互促进，共同发展。

我国高校财务内部控制具有以下四个特征。

1. 营利性

作为事业单位的高校，其主要职能是通过教学为社会输送全能型人才，同时在科学研究和服务社会方面做出杰出的成绩。为了保证高校的持续稳定发展，要在财务的内部控制中保证资源的合理利用。

2. 广泛性

在高校的经济活动中，常见的活动内容有教学管理、科研活动和基础建设等等。由于活动的多样性，在财务内部控制方面涵盖也特别广泛，包括各个学院、行政部门等，还包括校外盈利部分的财务工作。

3. 复杂性

高校财务涉及的部门较多，营利和非营利的部门之间经营活动差异较大，所以高校的财务核算相对于企业而言更为复杂。

随着社会不断发展，高校的教育体制也在不断改革，在资金来源方面也更加多样化，政府、社会和银行等都以各种形式给予了高校大力的支持。但是相对的各种资金支出也多种多样，例如：基础设施建设、教学科研、学生补助等等。这些多种多样的支出与收入，同时也造成了高校财务内部控制的难度。

二、高校财务内部控制的重要作用

在当今的大形势下，教育体制的改革在各高校中已经逐渐形成规模，成为一种以多经营主体、多学科建设、多层次办学的综合体。在资金来源方面已经从以前的单靠政府拨款，转变为多种渠道筹集资金，以及支出多样化的管理模式。高校的管理水平和领导干部的职业操守，也直接成为影响财务内部控制的重要因素，所以很有必要加强高校自身的财务内部控制工作。高校财务内部控制的重要作用体现在以下五个方面。

1. 有助于进一步深化高校改革

在我国的教育改革中，长期施行"放管服"的改革措施，包括管理体制改革、政府会计制度改革、加强高校绩效管理等一系列的改革措施。对于高校而言可谓喜忧参半，因为在给了高校权利的同时也对高校自身素质提出了更高的要求，需要高校加强全面管理，其中尤以财务内部控制的管理为最。时代在进步，改革是时代进步的必然。在经济高速发展的今天，对于管理方面也在逐渐严格，高要求、高标准使高校的责任更大。承担的责任增加了，那么所面临的风险也同样在加大。在这种情况下，如果想把财务内控工作做好，就要对自身加强约束，严格把控内部财务，以应对不断发展的社会形势。

2. 有助于促进廉政建设

近几年网上经常出现高校经济犯罪恶性事件的报道，在基本建设、科研经费、政府采购等方面都有涉及。在打击经济犯罪的过程中，政府严抓深究，把这些蛀虫"双规"或者法办，这其中不乏一些高级知识分子和领导干部，他们受党教育多年，但是党性不强，自我约束力薄弱，丧失了理想和信念。

但不可否认的是，高校出现经济犯罪，也是高校约束制度的缺失，以及内部控制的不严格，因而导致了高校经济腐败。所以，要不断加强高校的内部控制，严查漏洞，尽力完善不健全的制度，不给腐败分子以可乘之机。

3. 有助于实行有效的高校内部控制

高校财务内部控制的主体是各党委、各职能部门和所有工作人员。高校财务内部控制覆盖了教学、科研、校产、基建等各种业务，其中包括资金、实物资产、投资筹资、采购等全部经济业务的控制。所以，一定要做好财务内部控制，这样才能为内部控制的顺利实施打下坚实的基础。

4. 有助于降低财务风险

高校在进行财务管理的过程中，伴随着一定的风险。例如，如果主打网络理财的管理模式，那么就会伴随运行风险；预算资金在运行过程中，也在真实性、完整性和合理性方面存在一定的风险；高校进行的各种投资也存在可行性以及收益回报的风险，以及其他不可预知的风险。作为高校集体智慧的体现，财务内部控制就成了首选。财务内部控制虽然不能完全规避风险，但它可以最大限度地降低人为风险，是一种较为健全的管理方式。健全的管理是防范财务风险最有力的保障，也可以对可能出现的一些紧急特大状况做出提前预警。

5. 有助于提高绩效评价效果

当前高校执行的会计制度是由政府最新发布的，一般采用收付实现制和权责发生制。这两种模式不仅为新会计科目的制订和确立提供了重要依据，也为高校的成本核算提供了便利。其以费用代替支出的方式，让当年教育成本的全面核算成为现实。为了加强高校财务内部控制，高校要在保证各项工作正常运行的前提下，强化收入管理，同时降低成本支出，才能更加优化资金使用效率。

第二节　当前高校财务内部控制存在的问题

高校财务内部控制在高校的实施，可以确保高校教研活动和日常经营活动的有序开展，使高校实现持续、稳定、健康、和谐的发展。但目前高校财务内部控制还存在着预算管理、机构设置、财务风险、内部审计等方面的问题，必须引起足够的重视。

一、缺乏有效性、科学性和可操作性的预算管理

预算管理是高校进行财务内部控制管理的重要环节，高校各项收入和支出都应该严格按照财务部门预算执行。但目前许多高校存在着预算管理缺乏有效性、科学性和可操作性等问题，具体表现如下。

1. 预算编制参与人员存在观念误区

这种误区包括两方面：一方面是认识问题，有一部分的高校在预算管理方面认识较为片面，认为预算管理就是简单地推进经费争取和预算执行工作，而预算执行的快慢、经费的多少，则是财务部门的主要工作，财务部门可以决定二级院系的发展资金多或少；另一方面，高校预算编制涵盖了高校的各个方面，其中的具体情况只有执行人才最了解，二级院系部门经费执行人需要参与预算的编制，但在这个过程中，往往因为一些特殊的因素导致经费分配不均匀。所以，要严格把控经费的分配，不要偏离高校的发展目标。

2. 预算编制方法存在局限性

目前还有许多高校沿用传统的预算编制，教育管理模式也还是老一套。这种预算编制早已脱离了现今的实际情况，所以可行性较差，缺点较多，在

各部门经费的分配上常常出现不合理的状况，资源方面也不能得到最大限度的使用。比如，有一些高校还在使用"增量预算"的方法，这种方法虽然简单易行，但它不能准确地了解上一年度的预算安排是否合理，最后导致增加不必要的预算额度，致使预算资金被盲目占用，降低使用效率。同时，这种方法考虑因素较为单一，缺乏科学性，实际计算结果的准确性低，后期也常常需要调整。这些弊端会在无形中给预算管理增加难度。

3. 预算内容不够细化和精准

在预算编制的过程中，编制人员常常用项目的名称作为预算科目的设置，而且预算科目不够细化，没有根据规定设置和使用符合高校会计制度的预算科目，在科目的设置和使用上过于随意，致使会计核算和预算管理出现严重的脱节现象。这种情况不但影响了高校的内部经济决策，还影响着高校管理制度的实施。

4. 预算定额标准不科学

这方面主要体现在两点：第一点是预算定额项目体系的缺失。目前高校对于部门预算的项目分类虽然比较详细，但在预算定额方面没有针对性的项目分类系统。第二点是定额项目过于简单粗糙，定额也过低。高校的部门预算定额目前主要参照的是行政机构的相关预算定额，支出预算编制缺乏量化分析以及科学论证的依据，也缺少支出科目的明细，这样对预算的执行和监督都非常不利。

5. 预算编制时间短

编制的时间和质量是呈正比的，只有相对充足的时间，才能更好地保证编制的质量。时间在这里是一个重要条件，不可或缺。当前高校的预算编制部门在"一上"（指各部门按照年度部门预算编制要求，根据本部门发展规划、年度工作目标和重点编制本部门年度预算建议计划报送财政部门，同时报送人员、资产等基础数据和项目支出安排依据等情况）时只报送项目支出预算和非税收入征收计划，"二上"（指各部门在财政部门下达的部门预算控制数以内，汇总编报本部门及所属单位年度预算草案，在规定时间内报送财政部门）时报送基本支出预算和项目支出预算。整个过程大约2到3个月，由于上报项目较多而时间过短，所以在很多地方准备不充分，缺乏民主程序，最后导致在执行的过程中不断出现追加经费、调整预算等问题，严重影响了预算的执行及其严肃性。

6.预算编制过程中缺乏监督

高校预算的编制主要是高校的领导层、财务部门及其他部门负责，预算的审批是由各部门申报、财务部门汇总；再经过高校校长办公会讨论通过后上报；财政部门批复后，高校按批复执行。而在整个审批过程中由于缺少监督机构，所以在合理性、准确性和科学性方面都没有进行可行性的论证，导致预算编制存在一定的盲目性。

7.预算的执行不到位

高校预算一般包括大型专项开支和一些零星的、进度时间过长而累计支出又大的开支。大的预算项目是经过了高校审计部门审计的，但是，除了这些大的预算项目，其他项目则缺少监督，所以会导致一些问题的出现和一定程度上的浪费。在预算执行过程中，对于进度的跟踪和分析不认真，致使预算执行情况出现盲点，严重影响了预算的权威性以及有效性。此外，由于预算是先给出额度，再批示资金和实施执行，所以有些项目并没有可行性的论证和绩效评估，这些预算在执行过程中缺乏充分的理论依据，对预算的严肃性产生了严重的影响。

8.不合理的后勤部门单独核算

鉴于高校后勤部门的社会化属性，高校一般将后勤财务部门独立出来进行核算，其实这是不合理的。由于高校后勤部门的服务性收入和经营性收入及相关支出均没有列入部门预算，高校预算编制中只编制后勤部门的人员支出和公用支出，因而并不能真正反映高校的收支全貌。

二、机构设置、人才招聘及制度方面存在的问题

内部控制环境是影响各政策实施效率的因素，是一切程序发挥效用的基础。而机构设置、人才招聘和制度都是极为重要的内部控制环境因素，但高校目前在这些方面也存在短板。

1. 高校在机构设置上存在的问题

一些相关机构的课题研究表明，目前高校在机构设置上主要存在以下几个问题。

第一，高校管理机构的管理职能不健全。

相关机构在对我国高校管理机构进行分析的过程中，以功能角度为出发点，总结出五种结构类型，即咨询机构、决策机构、执行机构、监督机构、反馈机构，但是这种类型的机构设置在高校中很少能达到要求，其中大多数高校只有代表决策机构的校领导班子和代表执行机构的各职能处级机构，而代表咨询机构的校务委员会只出现在少数高校中，代表监督与反馈的评估机构更是寥寥无几。

由于管理机构功能不健全，导致高校在管理过程中存在三大问题。其一，信息反馈不顺畅。由于信息反馈不顺畅，直接导致无法对执行部门进行有效的监督和调控，又影响到执行部门的信息反馈，致使管理工作更加难以进行。其二，考评工作薄弱。在过去的考评工作中，一直有三个问题无法彻底解决：首先是指标简单，多数为定性评价；其次是方法简单，环节单一，人为因素有较大的影响力；再次是在晋升、评职等方面与个人利益联系较弱，缺乏权威性。其三，缺乏高水平的决策能力。决策能力较低，并且在决策时没有专业机构提供咨询，所以难以保证决策的科学性、合理性和先进性。

第二，高校管理职能划分与机构设置不配套。

高校的管理机构设置与岗位职能目前多数在沿用传统的划分模式，这些模式都是以上一级为标准进行划分的，也就是与上级机构对口。由于这种设

置方式不是因事而设置机构、划分职能的，因而缺少科学性与合理性。

由于划分模式的不合理，导致高校的管理机构只大不精、机构之间职能重叠、机构职能不健全等一系列问题，这是造成机构工作效率低下的重要因素。

第三，高校管理机构的职责权利不明确。

我国高校机构设置方面存在的问题，还有国有资产的管理与后勤管理合二为一的问题。这样的设置出现了很多弊端，管理的重叠、权责的不分明、管理的混乱，导致了有权无责、有权就有利、有责任没有负责的权、没权也就没利等。

在管理机构中，责、权、利三者本应是一体的。部门的权力越大，责任也就越大，得到的利益也应该是呈正比的；反之，权力小，责任小，那么利益也小。责、权、利划分不明确，就不能有效地进行工作，致使工作中产生不良现象：干事的做不了主，做主又不干事；不干事得利，干事却不得利。在这种责权利不明确的情况下，激励机制不合理，会打消人的积极性，想干实事无处使力。

2. 高校在人才招聘上存在的问题

人力资源是一种特殊的资源、宝贵的第一资源，它成为组织发展最为重要的资源。一方面，以人力资源为主要驱动力的高校，为保持自身的可持续发展和核心竞争力，都非常重视人才队伍的建设，尤其是高层次人才的引进。另一方面，高校有着非凡的使命，它们为社会培养全能型人才，同时作为科技创新以及社会智力的重要基地，肩负着发展科学、技术、文化，建设社会主义现代化的重要任务。高校需要组织一支热爱教育事业、具有创新精神的高素质人才队伍，这支队伍就是高校办学目标的首要条件。因此，高校在招聘人才时，必须对招聘、培训、薪酬、绩效、规划、员工关系等进行多方面考量。

第一，高校对人才市场的人才供给情况了解不足。

在高校的招聘工作中，没有具体分析以及了解自己对招聘对象的要求，只是跟随大流，没有针对性。对应聘者的信息了解不够透彻，前期对人才市场的了解太少，导致最终的招聘结果差强人意，这种行为其实对学校所要招聘的人才存在很大的盲目性和随意性。

第二，人才需求信息不能有效送达。

在高校进行人才招聘时，人才信息是否可以有效送达，是决定成功与否的主要步骤。不能仅在招聘会议上临时宣传就算完了，因为这种信息的覆盖率和送达效果不是很高，会导致招聘结果不理想。与此同时，一个应聘者也不会在招聘会议上看了宣传单就轻易决定自己的应聘目标。

第三，缺乏岗位要求的分析与公布。

在高校的招聘广告中有一个比较普遍的问题，就是招聘宣传页上面只是标注了高校的概况、薪酬、优惠政策等，对于应聘者只要求他们提供个人简介，高校只提供岗位，但是却并没有对岗位的要求有具体的解说。这种宣传方式会使应聘者对岗位认识不清，也会造成招聘后期的隐患。例如，应聘者因为认识缺乏，发现自己除了学历和专业符合以外，自己其他方面都有所欠缺，而自己也根本不适应在高校任职，结果就是放弃，选择离开。这种无用功使双方都受到损失，而这种例子在高校的招聘中屡见不鲜。

第四，单纯地靠熟人"引荐"。

一些高校在招聘过程中利用各种私人关系，如同乡关系、同学关系等。这种做法不是不可以，但必须严格规定选人标准，如果在这一点上缺少必要的管理，就会滋生许多的负面问题，如新人的能力不胜任岗位工作，甚至容易形成裙带关系等，单纯地靠熟人"引荐"是不提倡的。

第五，招聘工作程序不清晰。

在高校进行人才招聘的过程中，会产生对接误差的问题。也就是说，招聘人员和面试人员不是同一批人，招聘人员掌握的资料较多，但是并不参与面试；反之，面试官对前期应聘者的很多问题都没有掌握，当面试官面试时，仅凭着手里的一份简历进行面试不免产生偏颇。在这里值得一提的是，面试作为一个单位挑选职工的必不可少的重要环节，请不要将人事面试与一般的专业面试混为一谈，二者对应聘者的考量是完全不同的。还有一点就是面试官的不专业，甚至有的面试官在选拔过程中敷衍了事，这会严重影响到招聘的质量。另外，应聘者的入职审批环节过于复杂，这也会影响到整个招聘的进度和质量。

第六，聘后管理环节存在的问题。

高校管理入职新人涉及很多方面，诸如岗位分配、薪酬待遇、业务培训、绩效考核以及晋升规划等等。比如在岗位分配方面，许多大学依然循着"教师职称评审"的方式进行，而未能实施真正意义上的"教师岗位聘任制"，结果引发了重大问题，致使管理成本过高。再如，对于刚刚入职的新人，首先是做好"传帮带"工作，但许多高校在这方面做得很差。有的高校并没有让新老教师结对子，实行"传帮带"制度。其实不仅这些，高校在聘后管理环节存在的问题还有很多，必须引起高校领导层的高度重视。

3. 高校在内部控制制度上存在的问题

现实中高校内部控制的实行都取得了一些经验和成绩，但是这点成绩对于经济高速发展的今天还是远远不够的，所以在高校内部控制方面要警惕以下一些问题。

第一，领导和教职工对内部控制认识不足。

在我国的高等教育体制不断改革的今天，高校的内部控制已经在高校的人事、财务、设备、后勤等各方面都有所涉及。而在一大部分的高校中，为了使资产安全以及完整，也制订了一些制度，但由于对内部控制理念和务实的认识不明确不深入，所以还是会有很多员工把内部控制理解为仅仅是一种制订、汇总，认识不足会导致一批员工觉得自己可以高于单位内部控制的规章制度之上。还有一部分人没有责任感，做事敷衍，不务实，循规蹈矩，致使高校频频发生违纪现象。

第二，内部控制制度不健全，执行不力。

在高校内，对于内部控制的正确认识还是不足的，有的高校只针对会计部门进行控制，像管理决策层以及其他一些部门则不受内部控制制度的约束。另外，在经费的收支方面，内部控制也只仅仅体现在政府职能部门对高校的管理和要求，这其实并不符合市场经济条件下对高校教学、科研、管理、服务的内在要求，导致会计内部控制在执行过程中缺乏有效性和主动性。

内部控制认识的缺乏，还将导致不能够正确理解内部控制制度的存在意义，最后内部控制制度的执行力不足，使内部控制制度的实施效果不尽如人意。有一部分高校并未对内部控制制度的执行严肃督察，执行可有可无，就算执行了，也是敷衍了事。更有甚者，一些高校的部门负责人不带头执行内部会计控制，玩忽职守。另外，在制订内部控制制度时，没有深入做全面的环境调研工作，没有对分配任务与岗位进行具有针对性的细致分类，或者在环境变化时做出相应的调整。内部控制制度没有明确的目标，操作性较差，不能很好地适应环境的要求，从而造成权责不清、推卸责任，制度不能达到有效的落实。有的高校在权力的使用方面基本感受不到制约，政务缺乏透明度，决策不科学，监督机制不完全等，这些问题多数不能得到真正的解决。还有就是缺乏外部监督，尤其是社会上群众的监督，同时作为高校的教职员工对自己工作范围内的内部控制也不了解，甚至不关心。这些不好的因素都是内部控制制度建立和执行的拦路虎。

第三，风险管理机制存在欠缺。

在我国实施教育改革之前，高校的建设主要是由国家的财政拨款和计划招生来完成并实施的。事实上，计划经济下的风险管理存在风险意识不强的问题，在风险应对上也缺乏有效的预警机制，由于防范措施不到位，往往在面对问题时显得比较脆弱，由前期失误而引起的琐事也比较大。另外，财务风险管理也存在问题，融资手段较为激进，没有注意到自己的偿还能力、政府政策等变化而造成的风险因素，只是单纯地注重资金的量，忽视成本的高低，风险一旦形成，就会使高校陷入重大的财务风险旋涡。

第四，财务收支不符合预算要求。

在一些高校中，对收入的监管都不是很严格，票据的收管方面也没有特别的执行标准，在各项收入中也没按标准和法规实行。其中不乏有一些个别的院系部门擅自收费，不备案，甚至有个别部门的收入不上交，自产自销，这其实属于"资金体外循环"。

所谓资金体外循环，是指高校的资金不能收入财务，脱离原本的控制，不能进行有效的监管。比如有的个别院系以及部门随意扩大资金支出范围，导致资金不能做专款专用，各种支出相互干涉，使预算严重失控，导致经费控制目标难以实现。

第五，固定资产管理不完善。

有一部分高校对固定资产的管理非常不完善，在固定资产的采购过程中，不审批、不验收就入库。还有就是对先进仪器设备的盲目追求，不认真考虑其实用性，采购的过程也缺少科学性的论证，最终的结果就是浪费。另外，从不对固定资产清算盘点，对于报废的财产也不做销毁登记处理。这一系列的错误操作造成固定资产账账不符，账实不符。

第六，信息与沟通渠道不畅。

信息渠道的畅通对于高校有着至关重要的作用。在传达制度的过程中信息不畅通，那么沟通就会不充分，反馈也不会很及时。现在有许多高校的财务信息是不公开的，审计与评估的透明度也不是很高，各种相关机制都不完善，甚至弊端明显。这些大大小小的漏洞造成了许多高校腐败案件的发生。

第七，内部审计监督职能弱化。

内部审计部门是高校内部控制的重要部门，但目前高校的内部审计还存在着许多不足的地方，具体表现在以下几方面：首先，内部审计监督没有较强的独立性、权威性，因而常常会受到质疑；其次，由于审计方法的落后，导致审计工作的内容和范围较狭窄，只能用于常规的审计工作，在对内部控制方面的有效性审计则很少；最后，在内部审计过程中，审计人员的力量稍有不足，素质也相对较低，在高校的内部审计部门往往在工作中消极怠工，发挥不出其应有的作用。

三、缺乏全面预算管理制度和内控制度的必要约束

作为高校而言，在对财务风险的控制上有一定的特殊性，它最终体现的目标不是以盈利为目的，而是给日常教学和科学活动提供坚实的财务保障。到目前为止，我国的高校财务内控对于风险还是意识相对淡薄，缺乏全面预算管理制度以及内控制度的必要约束。

1. 管理层在财务风险上没有足够的风险意识

高校通过国家拨款和学费收入来增加资金来源，也会通过各种途径进行筹资，比如银行贷款等。但是，这些筹集来的资金也会相应地变为高校的自身负债率，尤其是在高校已经成了法人实体的今天，因此高校要尽最大可能减少财务带来的风险。这个问题在高校的管理层中很少有人真正意识到，如果控制得不及时，会导致风险问题随之越来越大。与此同时，招生率、就业率等与高校发展有利的相关工作，其风险的问题也没有得到重视，风险因素的增加，可能会形成难以承受的经济损失。另外，一些教职员工的财务风险意识相当淡薄，总是一副事不关己高高挂起的心态，认为财务风险管理是财务部门的工作，自己只需做好本职工作就行了。

2. 预算管理作用没有得到充分发挥

高校由于长期以来受到国家政策的帮助和保护，以至于高校自身的财产风险管理意识普遍薄弱，在财务管理制度方面也很不健全，尤其是缺少行之有效的全面预算管理措施。作为高校财务管理工作的核心工作之一，全面预算管理可以有效地进行财务风险控制。全面预算管理作为一种重要的途径，它可以通过预算进行开源节流，达到降本增效的目的，进而为高校的会计核

算打下坚实的基础。但是现实中却存在着预算不平衡，预支过度等问题。在正常情况下，预算应当体现高校本年度的正常收支情况，但在实际中出现的结果往往不尽如人意，每每都会产生资金供给不均衡的现象。在这里，财务部门多是处于被动付款的位置，各种盲目的支出五花八门。另外在预算的执行过程中，总会出现不严格的情况，各部门编制的预算也较为随意，在执行时也总是出现项目预算执行进度慢、预算额度不足和随意调整预算额度等情况，从而使预算管理失去了应有的作用。

3. 内部控制制度不完善

内部控制的主要目的是大幅度地降低风险发生的可能性。在风险控制中，整个过程是环环相扣的，它涉及多个部门，缺一不可。在每个部门里也都要建立完善的规章管理制度，而且每个规章制度之间应该是相互衔接的，以避免一些相对矛盾的状况产生。为了保证单位的运行效率和降低各类风险的发生，高校要通过内部控制进行协调，并且充分保护财务数据的真实性。现在一些高校已经把内部控制提上议程，但由于缺乏内控方面的人才，加上高校内部控制管理经验的不足，只能依旧沿用过时的管理方法，部门间也缺乏有效的协同配合，以至于内部控制的范围只局限在财务部门，不能有效进行风险识别，难以对财务风险进行有效控制。

四、高校内部审计工作与国家的要求存在很大差距

对于高校来说，内部审计工作能够有效地提高工作质量和工作效率，更好地促进高校的发展。但是，当前我国高校内部的审计工作相对于国家的要求还有很大的距离，总的来说存在以下问题。

1. 高校领导的认识停留在传统观念上，不够重视审计工作

有很大一部分高校只是主抓教学和科研，对内部审计的重视度微乎其微。他们认为，只有教学和科研才是真正的高校应该重视的主要任务，而审计工

作并没有什么巨大的经济利益,审计工作对于院校的发展和建设作用太小,所以审计工作被忽视,甚至直接被取缔。

其实,无论从高校还是从企业的角度来谈论审计工作,它都是一个必要的存在,其合理性和法定性都对企事业单位具有至关重要的作用。高校对于内部审计不重视,只能说是相关法律意识太淡薄,对于这方面的法规没有进行深刻的了解。所以,如果想要从根源上解决内部审计工作存在的问题,那么就要普及相关的法律法规知识,从根源上解决弊病,重新认识内部审计工作的重要性和具体的效用,并能够切切实实地落实到工作中。

2. 高校需要建立一个完善的内部审计机构

目前我国的高校内部审计工作直接服从于领导层,但由于下面各部门对于领导层的决策唯马首是瞻,缺乏独立性,没有做到真正的公开透明,因而许多内部审计工作成了高校领导获取不正当利益的一种途径。

高校内部审计工作不是一项有了审计工作人员就可以完成的工作,它需要一个完善的内部审计机构来具体实施,要协调领导意见,接受高校领导和员工的监督,这样才能最大限度地保证高校领导履行其职责,也能更好地服务于高校的广大职工。因此,建立完善的高校内部审计工作机构,赋予内部审计工作独立性,以确保内部审计工作的公平、公正、公开和透明,还需要不断地强化内部审计监督职能,监督的不仅是国家的政治制度、法律、法规的具体履行情况,还包括高校内部制度的建立、政策的发布等。

3. 高校内部审计队伍素质有待提高

内审工作质量的高低取决于审计人员的素质高低。一直以来,高校的内审人员大多数都来自于高校财务人员,人员的来源渠道应该说是比较单一的。高校财务人员一般不与外界交流,所以他们大多数只熟悉预算会计业务,对于专业知识则显得含金量不足,对国家的经济、财政和金融等知识也相对匮乏,同时在实际工作中业务技能和工作经验都有严重的不足。另外,有个别的内审人员严重缺乏职业道德,在工作的过程中违反常规操作,与被审单位相互勾结、串通、隐瞒事实真相，对问题的反馈不能如实上报，或者以权谋私，贪污受贿，这些丑陋现象是客观存在的。其实，这种种表现的背后，就是内审人员的个人素质低下。

4. 管理制度不够完善，缺乏监督指导

在高校的内部审计工作中，因为管理制度的不完善，所以会形成一些不正当的获利行为。高校应建设健全管理制度，要做到精准分工，将内部审计的全部工作公开化、透明化。高校内部审计管理普遍的现象就是管理不够认真，监督方面不够仔细，这也是导致内部审计工作停滞不前的原因之一。想要克服这些缺点，高校可以借鉴成功企业的经验，做到以长补短，虚心求教，才能正确认识到各种问题，做到及时发现问题并及时解决问题。

5. 高校内部审计工作手段落后

目前有的高校还在使用传统的手工审计方式，这已经不能适应当今社会时代快速发展的需要。有的高校的内部审计工作虽然实现了电算化，但还存在不足，并没有提高效率，甚至带来更大的困难和风险。创新内部审计手段已成当务之急。

第三节　采取措施，完善高校财务内部控制

鉴于目前高校财务内部控制存在的预算管理、机构设置、财务风险、内部审计等方面的问题，高校应致力于编制和落实审计财务预算，建立绩效考核机制，以确保高校日常活动的顺利开展；改善财务内控环境，制订会计内控制度，以夯实高校财务内部控制制度运行基础；建立健全行之有效的风险防范机制，以确立高校收支管理的完整性；加强财务内控监督，以保障高校财务内部控制工作的顺利开展。

一、编制和落实审计财务预算，建立绩效考核机制

高校财务预算管理是对高校财务资源的分配管理，是高校顺利开展日常活动的基础。完善财务预算管理是高校进行经济活动的首要工作，具体要做好以下几个方面的工作。

1. 对财务预算进行编制，要尽量保证财务预算和实际情况相吻合

为此，需要遵循以下几项原则。

第一，收支平衡原则。

随着社会的不断发展，现在高校资金来源的渠道逐渐多样化，收入也日益增长。但在收入增长的同时支出也在相应的增多，比如教学设备的更新、教学环境的改善、教师待遇的提高等，其中任何一项都是一笔不菲的支出。因此必须保持收支平衡，做到量力而行，并在财务预算的编制中避免支出超出能力范围，防止造成财务危机。

第二，合理负债原则。

在经济高速发展的今天，只有更好的教学环境，更完善的教学设备，才能吸引到更多的生源，从而使学费、住宿费等方面的收入也随之增长，同时也能获得更多的财政拨款。但在这个过程中，收入的增加也伴随着各项经费的增加，很多高校的资金仍处于一种入不敷出的状态。当面临这种情况时，高校必须采取一定的措施，比如通过贷款、借款等渠道进行筹资。通过这两种方法得到的资金，在还款时都有一定的利息，所以要求高校对需要融资的项目进行考察和分析，以自身偿还能力作为第一考量，做好财务预算的编制工作。坚决遵守"合理负债"的原则，不要让不良的贷款给高校造成不好的影响。

第三，成本效益原则。

高校如果需要对一些大型项目进行建设或者投资，常常要提前做论证和分析，然后定制几种方案，最后实施。对于方案在实施过程中所需的成本及

预期效益，都要在遵循"成本效益"的前提下，给出最合理且科学的方案，并从中选出高效益低成本的最优方案去实施。千万不要只顾眼前利益，那样只会得不偿失，对未来的发展也会造成极为不利的影响。

第四，统筹兼顾原则。

高校在面对实际收入和现实支出不成正比的情况下，应坚持遵循"统筹兼顾"的原则，对未来的发展需要进行科学规划，对各项支出要有计划，并循序渐进地予以实施。在方案的选择方面，采用择优原则，并要在资金上做到合理化分配，让每一项资金的使用都做到精打细算，使项目在实施的过程中符合公开化、透明化的标准，这样才可以做到最有效地避免资金浪费以及腐败现象的发生。

第五，收入预算科学预测原则。

高校的收入预算预测难度较大，因为影响收入的因素过多且不固定，比如招生、财政拨款等都会在一定程度上影响预算编制，所以在财务编制预算时要遵循"收入预算科学预测"的原则，把所有的影响因素全部纳入考虑范围，对收入情况要做到不隐藏、不高估。

第六，长期利益与短期利益相结合原则。

高校如果想要保证发展的长期稳定，就要在做财务预算编制时，坚决遵循"长期利益与短期利益相结合"的原则，不要为了节省当前的成本，而导致后期产生一系列的不良后果。

2. 随着预算执行审计的不断深化，将对加强高校全面预算、维护财经纪律、促进和深化高校体制改革发挥重要作用，因此加强高校预算执行审计目前已经成为内部审计部门的重要工作内容。

只有将编制好的财务预算落到实处，并强化财务预算的执行审计，才能更好地规范各个部门的财务收支。要想提高高校财务预算执行审计的有效性，必须在以下方面对其予以加强。

第一，加强预算执行审计，促使高校健全预算管理体制。

高校如果想要加强预算执行时的审计工作，就要有一个健全的预算管理体制，以此来提高预算管理的规范化。在建立预算管理体制过程中，要加速预算管理机构的组建，并且要做到两手抓，重点关注预算的支出和预算执行的全过程中的审计。在人员方面可组成领导班子，由校长直接进行领导，其中部分成员可以由财务审计等相关专业人员担任。这样的机构组成，可以让专业人员的智慧在集体中得到充分发挥，也可以对提交的各种预算方案进行有效的调查论证，判断其是否具有合理性、准确性以及科学性。同时要加强高校预算工作的指导和考核，以考核结果作为高校领导预算管理的决策依据。

第二，审计部门事前参与，让预算编制具有科学性与合理性。

想要预算编制更加具有科学性与合理性，就需要审计部门主动地去了解预算编制，预算编制资料应当由财务管理部门给予提供。在了解预算编制的过程中，审计部门要在各方面预先审查，审查的过程也要进行细化。在定员定额的审查中，要采用符合实际、符合标准、科学、合理的方案；要主动对高校的综合财务管理方面进行预算，使其具有科学性、合理性和可行性，将预算管理覆盖面扩大，把一切财务收支都纳入其中；要对此预算进行有效的监督，让审计部门管理职能真正发挥作用；要把所有经费进行统一管理，把责任制落实到各级预算编制的过程中，使之更加具有科学性与合理性。

第三，建立预算执行信息传递与反馈网络，加强预算执行的监督与管理。

高校应结合自己本校的实际情况，建立预算执行信息传递与反馈网络，对预算执行进行监督与管理。在信息传递和反馈网络方面，要建立一个以财务部门为中心并整合各级各部门之间的预算执行方案。首先，在预算编制前期要保证各部门之间可以随时进行有效的沟通，能够充分地协同配合。其次，财务部门要对各级各部门的预算计划进行分析审核，保证可以做到实时监控。并在正常、有效的情况下，进行收支预算草案的编制。最后，在整个执行过程中，各级各部门都要主动、积极地配合财务部门的工作，全程进行信息反馈，实现有效沟通。要严格控制资金的流向，尽量避免超计划或无计划用款现象的发生，如果发生意外状况，则需立即预警或禁止，将风险消灭在萌芽状态。

第四，加强预算支出的结构性分析，促使预算支出的使用效益。

如果想要预算支出达到最佳的预期效果，审计部门就需要重点分析、考核、评价资金的使用效益。把关注点放在检查预算的支出是否合理合规以及专项经费使用的效益上，确保经费真正用在了基础建设项目以及接受劳务和服务等支出上，并观察其效益的发挥成果。这些才是高校领导需要特别关注的问题。为了更好地了解高校预算支出的使用效益，需要通过对预算的支出进行审计分析，将支出结构做进一步的优化处理，保证其基础预算执行目标逐步由真实性、合法性慢慢向效益性转变。

3. 科学的财务预算管理是高校财务管理工作的重要保障，也是确保高校战略目标实现的基础。

在高校财务预算的执行过程中，高校财务预算管理工作应该从改进高校财务预算编制方法入手，进而完善预算执行机制，并健全预算评价考核机制。

第一，改进高校财务预算编制方法。

在高校财务编制过程中，需注意将现有资源进行有效的整合利用，让财务资源的合理配置得以实现，并使其经济价值得到充分发挥。在一些规划中，要保证常规项目和一般项目的正常使用，并且着重突出重点项目的进程。不要被惯性思维所主导，要学会转变。对于各个部门的资金使用情况，要学会运用定额、差额预算的方法，达到对各个部门的资金使用情况都有一个充分的了解，这样才能提高财务预算的科学性。在财务管理的过程中，对资金的使用要进行排序，按照发展需要分出轻重缓急并予以实施，这样才能最大限度地避免在财务管理过程中出现不科学、不公平的现象，同时才能保证财务预算的权威性。

第二，完善预算执行机制。

在执行高校发展规划之前，要经过财务预算的严格审议。在财务预算中，刚性和灵活性应分别体现在财务的预算和财务的使用中，要在保证各项预算都能够严格执行的情况下，尽可能地去完善、健全财务预算管理的规章制度，建立起财务预算调整机制。为了确保财务预算的科学性和准确性，要不断地对财务预算进行调整以及程序的优化。而这些行为都是在为财务预算打基础，目的是使相关制度更加坚实，也在执行力方面更加完善。在当今这个大数据时代中，高校更应该抓住数据优势，并充分利用互联网信息技术，使其在财务管理工作过程中发挥分析及监控作用。

如果发现了问题，就应该直面问题，以问题为中心进行有效的论证，然后提出具有针对性的最优解决方案。尤其要做到申请款项无差别对待，以此来确保每一笔款项都是真实有效的。在每笔款项的审批过程中，所有签字领导也应该为这笔款项的使用状况负责，使款项具有真实性和合法性。总之，高校要对财务预算工作执行的方方面面加强监督，严格控制财务预算以外的开支，以确保财务预算目标的真正实现。

第三，健全预算评价考核机制。

在高校全面预算管理实践中，应当将绩效预算纳入其中。通过这种方式，有助于对资金的申请、资金的编制及其执行的全过程进行有效的监督管理。在管理过程中，应当将院系责任制和预算绩效考核这两者结合起来共同管理，并建立起财务预算绩效考核机制，制订相应的考核方法，要有奖有罚。要全方位加强预算绩效管理的宣传工作，提升全员的责任意识和全局意识，在这个基础上，再将教职员工的实际工资与之联系到一起。在这方面，同样也可以通过绩效评价的方法来实现，具体来说就是将高校的资金使用情况拿出来做一个详细的分析和判断，以此来判断上学年的资金使用合理程度，为下学年的资金使用打下一个坚实可靠的基础。

二、改善高校财务内控环境，制订财务会计内控制度

财务内控环境和会计内控制度是完善高校财务内部控制的两大关键要素，良好的内控环境是财务内部控制制度有效运行的基础，完善的会计内控制度是财务预算有效执行的保障。

1.财务内控环境是内部控制体系的核心和基础，它不但直接影响内部控制的建立，还直接决定内部控制实施的效果以及内部控制目标的实现。

改善高校财务内控环境，必须了解环境并优化环境。影响高校内部控制的环境因素，表现在高校领导层的合理配置和经营理念、高校组织结构与权责分配、高校员工职业素质和品行以及管理模式等方面。要健全、加强和完善财务内部控制，就必须优化财务内控的环境。

第一，建设良好的校园文化。

高校要想缔造一个良好的校园环境，就要不断地激发教职员工的进取心，并将其上升到一种校园文化层面，让这种文化内化于心，外显于行，在无形中影响教职员工的思维理念和行为。良好的校园文化可以使高校摆脱困境，让教职员工保持一颗积极上进的心，同时也能强化教职员工的凝聚力，因此要让这种良好的校园文化成为一种无形的动力。

第二，建立良好的高校组织结构。

规划、执行、控制和监督活动是高校组织的重要任务。良好的组织结构体系是高校所需要的，这种组织结构以执行工作计划为最初使命，并可以使职位层次更加合理科学，让信息沟通的渠道变得更为流畅，让合作关系更为愉快，让效率得以提高。良好的组织结构不但可以清晰界定"权责利"，还可以更好地控制环境，使内部控制环境得到进一步优化。

第三，建立良好的高校领导的激励约束机制。

内部控制是高校领导作为管理层实施管理的重要方式。当领导做出决定性的决策时，各部门要按照领导的正确意图去实施，因为高校领导在整个高

校内部控制的系统运行中有着举足轻重的作用。从建立激励约束机制的意义上来说，高校领导者的自身素质尤其重要，因为自身素质会直接影响到高校内部控制的效果和效率，所以提高领导的综合素质是建立激励约束机制的重要方面。只有领导素质有了提高，才能真正建立起行之有效的激励约束机制并使其发挥出真正的作用，也才能让内部控制系统更加尽善尽美。高校领导者综合素质的提高，需要领导者从三个方面出发：首先，要建立人才库并将其作为一个外部机制，以此来形成一种外部约束力，对高校领导进行监督与激励；其次，要注重使用财务控制的方式，来约束和激励领导者的行为；最后，要从法律法规和制度这两个方面入手，制订合理的奖罚机制，这样也有助于领导者素质的提高。

第四，建立良好的高校经营理念。

高校的经营理念，指的是高校的经营哲学以及高校的精神，是高校校园文化的浓缩，是高校领导者事业宗旨的体现，同样它也是员工精神目标的确定。在高校中，只有领导者和教职员工形成一个整体，才能把高校的经营理念体现得淋漓尽致。高校的经营理念需要具有科学性，并且可以规范教职员工的行为，凝聚教职员工的精神力量。事实上，在高校未来的长远经营过程中，以及发展战略目标的确立方面，经营理念都起着举足轻重的决定性作用。

第五，提高教职员工的素质和他们对内部控制制度执行的认识。

教职员工在内部控制中有着非常重要的位置，如果他们中间互相串通作弊，或者教职员工对某个内控决定不理解甚至做出错误的判断，违背内部控制制度的事情就容易发生，这将导致内部控制部分或全部失效，造成严重的后果。所以，实现有效的内部控制，就要严格选拔各个岗位人员，选择那些内心正直、尽忠职守并且精明能干的人。此外，为了提高教职员工的素质和他们对内部控制制度执行的认识，在日常对教职员工的管理上，要加强内部控制重要性的宣传教育，使教职员工对内部控制有充分的认识。为了提高教职员工对内部控制制度执行的认识，在人力资源管理制度和财务控制措施中，既要做到合理、科学和适用，还要在教职员工按制度完成既定工作的同时，关心他们的生活和健康状态，加强对他们的职业道德教育，注重建立激励机制和考核机制。

2. 会计内控制度为高校内部控制的有效执行提供了强有力的保障

会计内控制度的建立，主要包括以下几个方面。

第一，建立不相容职务分离制度。

高校设置与会计相关的工作岗位，要注意使职责权限得到进一步明确。同时每个工作岗位之间要做到不相容，职务相互分离控制，这样才能达到相互制衡的目的。之所以要建立不相容职务分离制度，是因为同一工作大家集中一起去做，就容易导致错误和舞弊行为的发生，而且也容易出纰漏。为了杜绝这种问题的出现，在两种不相容的职务中，必须做到分工明确、负责，并且每种职务应该有两个或两个以上的员工进行分工负责。

高校内部可以分离的不相容的职务一般有以下五种：其一，授权者和执行者应当分工，即一个人既然担任这项经济业务授权批准者，他就不应该是该项经济业务执行者，比如此人有权决定或审批这批材料的采购，那么此人就不能同时担任采购人员。其二，经济业务的执行人员和该项经济业务的稽核人员不能是同一人担任，比如审核人员就不能和填写收据的人员为同一人。其三，经济业务的执行人员和该项经济业务的记录人员要做到职务分离，比如此人担任会计记账的工作，那么此人就不能是收款人员，两者不可同时兼任。其四，财产物资保管职务就需和财产物资核对职务分离，一名人员不能同时担任该项财务物资的记录和该项财务物资的保管，两者必须分离。其五，出纳人员要与记账人员职务分离，一名人员不能同时担任明细账和总账的记录工作，同时日记账和总账的登记也要做到职务分离。

第二，建立授权批准控制制度。

高校要对会计及相关工作的授权批准范围、权限、程序、责任等内容有一个明确的规定。高校各级管理层人员所行使的权力和担任的责任必须在授权范围以内，经办人办理业务也需在授权范围以内。

为防止重大经济舞弊案件产生，高校应特别注重授权批准控制，同时要避免授权不当而引起重大失误。在授权时要根据工作管理和控制进行，建立完整的授权批准体系，这其中包括高校中所有的经济活动都应该纳入授权批准范围。在各项经济活动中，应该根据其重要性和金额大小的不同，确定不同的授权管理层次，从而保证在授权批准后各个层次的管理人既有权又担责。在授权批准中要做到责任明确，各司其职，按照谁主管就谁审批，谁审批就谁负责的原则，加强其各级管理人员的责任心。在保证增值增效的同时，要严控严查各级授权审批的程序，要做到明确审批责任所属。明确的审批程序，可以有效避免越级审批、违规审批现象的发生。在各审批人之间，要秉承下级对上级负责担责的原则，对审批人的所有审批活动的真实性和完整性负责。同时要建立完善的检查制度，以确保在授权后各种经济事项的处理上有质有量。

第三，建立会计系统控制制度。

在制订适合本校的会计制度时，要符合国家统一规定，坚决按照会计系统控制要求，做到明确会计凭证、会计账簿和会计报告的处理程序，同时建立和完善会计档案保管和会计工作交接的制度和办法，对会计人员实行岗位责任制，让会计的监督职能得到充分的发挥。

制订会计制度包含会计凭证的控制、会计账簿的控制和财务报告的控制。会计凭证控制中主要包含以下几项内容：其一，会计记录的原始依据需要经过审核的原始凭证，此凭证必须经过专人审核。在所有的记账凭证旁附有其相应的原始凭证，并且其他凭证的内容要与原始凭证内容相同。其二，在凭证的使用上要严格按编号次序进行使用，保证凭证必须连号。如需领用空白凭证，则要经过登记方可领用。其三，凭证分正联和复联两种，二者必须一次性复制添置，并在每联上注明其用途，且严格遵照规定用途进行使用。如有报废凭证，每联都注明相应报废字样，并统一进行保管。其四，要对凭证进行定期的复合，对其中的填写、记账、过账等，制订相应的复核制度。其五，在凭证传递的过程中，要将原始凭证和记账凭证装订好，并妥善保管手续。其六，在处理业务时，所有该业务相关经办人员都必须签名盖章，以备后期追溯责任时使用。

会计账簿控制的主要内容有以下几点：其一，每个单位的规模和特点各不相同，而会计账簿体系的建立就需要适用其单位的管理需要；其二，在会计做报表的编制时，用来做依据的账簿记录必须是经过核实以后而使用的。在这一点上，会计要保证数据的准确性，内容的完整性，并要及时报送，这样才能为使用者提供有效的信息。对于会计提供的报表所要求的信息的真实性和完整性，高校财务部门负责人要对其负全责。

第四，做好财产保全控制。

高校想要确保各种财产的安全性和完整性，就要对流动资产、固定资产及其他资产做财产保全控制，具体职责有采购、验收、入库、领用、计量、维修、盘点等。财产保全控制要求高校限制未经授权的人员对财产的直接接触，也需要采取定期盘查财产记录、证实核对的方法，对财产保障采取一定的措施。

建立限制接近制度，就是说任何人在未经授权批准的情况下，不得随意接近实物。建立财产记录监控制度，就是对资产的增减变动要做及时且全面的记录，有效加强资产所有权的管理。建立资产个体档案，要求做财务报表，并将所有资产价值全部纳入其中，以确保其一致性。建立资产记录资料保护制度，为了避免有记录丢失、损毁或被篡改的情况发生，要对资产的各种文件记录做妥善的保管，并在计算机系统中将重要资料备份。建立定期和不定期的财产清点制度，为了确保实物资产实有数量与账面记载相吻合，要经常进行实物资产清查，清查的方法也分为定期和不定期两种。建立财产保险制度，是为防止财产物资发生损失时将伤害降到最小或者尽量弥补，而对财产物资要进行投保，例如自然灾害险、责任险等。

第五，有效控制风险。

当今高校处于市场经济高速发展的大环境中，在这种环境中机遇与风险是并存的。为了尽量控制风险出现时可能产生的损失，高校要尽最大可能将损失降到最低，所以就要建立有效的风险控制系统，达到风险预警和控制的目的。当高校在面对各种风险时，要对风险进行评估、识别、分析，然后采取相应的措施。在风险来临时进行有效的规避，做出全面的防范，就能最大限度地减少或避免不利的结果出现。

高校当前所面对的风险主要有筹资风险、投资风险和合同风险。筹资风险主要是因举债而产生的。现阶段有一部分高校面临着教育经费不足，但又要扩大招生规模的情况，所以在基本建设方面需要向银行引入资金，但是一旦无法偿还将会让高校财务陷入困境。因此，高校需要重视筹资风险评估制度，并建立对于已经存在的风险进行有效防范的措施。对于投资风险要全面控制，在面对投资方向、渠道规模、偿还能力、资金用途及其效益等，根据自身的条件做出相应的方案。对即将进行的投资要做好可行性的分析，规避投资的风险。对该投资项目的金额大小也要确认，在投资的过程中要应对随时可能出现的负面因素并对其制订预案。对于防止合同风险的发生，可以在此期间聘请律师参与到财务部门，在建立合同风险控制制度上，其内容要符合法律程序，明确每一个步骤，并在有违约情况出现时，可以尽快地采取相应的措施。

第六，建立内部报告控制制度。

在高校建立内部报告控制制度时，所有的业务活动要提供重要信息，信息要能够全面反映业务活动的情况，这样才能有效增强业务活动内部管理的实施性和针对性。

在日常控制中，为了满足高校管理人员的需要，要及时有效地提供业务活动方面的重要消息。为此，必须建立内部管理报告制度，如货币资金的报告、资产负债状况的报告、对外投资的报告等内部管理报告，这些制度性的报告有助于加强内部的监督管理。

第七，建立内部审计控制制度。

审计部门的产生主要是为了保证高校的内部控制制度的建立，并使之更加完善和严密。高校内部审计部门要对内部控制制度实时监督，审计部门须定期对高校内部经济活动进行客观的、公正的审核和稽查。内部审计工作在保证了会计资料真实完整的情况下，审计部门还起到了监督检查和评价内部制度的作用。

除了严格的内部审计外，还可以借助必要的外部社会性质的审计控制。因为从实践来看，外部控制是对内部控制的再控制，可以改善会计控制环境，不断改进内部控制的设计与运行。

第八，建立电子信息技术控制制度。

随着电子信息技术的发展，高校利用计算机从事财务管理越来越普遍，而会计电算化和电子商务的发展对信息的安全性提出更严格的要求。为此，高校加强电算化的内部控制势在必行。电算化会计信息系统内部控制过程分为预先控制、现场控制和反馈控制，业务操作以数据的输入、数据的处理和数据的输出为主。

会计内部控制实施的有效性就是要尽最大可能减少和消除人为操控的因素，尽量多地运用电子信息技术手段去建立内部会计控制系统。高校如果想要从源头上避免错误以及舞弊行为的发生，就要设立专门的审核人员，并且对系统内部的每笔业务进行审核，使其具有合法性和准确性。与此同时，也要对财务会计电子信息系统的开发与维护，数据的输入、储存、输出等进行控制，要随时核对，使输入信息和输出信息保持高度一致，要时刻警惕"计算机犯罪"现象的产生，并在任何情况下都要做到数据不丢失、无损坏、不泄露，不被非法侵入。

上述所有的控制制度都是内部会计控制中最基本的也是比较常用的一些方法，可以独立使用，也可综合运用。高校内部控制制度的构建及实施意义重大，在高校的众多管理工具中有不可撼动的位置。该制度覆盖面积也非常之广，并且可以成为高校管理者的行为规范。内控制度具有非同一般的能量，这种能量可以让高等教育事业蓬勃发展。

三、建立健全行之有效的高校内部控制风险防范机制

随着高校办学层次的多样化，办学经费的来源也有了多种渠道，由此也给高校带来了较大的财务风险。因此，高校必须建立健全行之有效的风险防范机制，以减少或杜绝高校财务风险的发生。

1.建立完善的高校财务风险防范组织

高校财务风险的防范一定要有组织保证，而这样的组织就是决策层，它需要完成以下三个方面的工作。

第一，树立财务风险意识。

对于财务风险意识的建立和加强，高校决策层首先需要识别各种风险，解决各种即将面临的问题，比如内部问题中的财务收支失衡、负债情况超高等，还有国家政策变化以及生源问题等外部风险。面对这些风险，只有做好内部控制，才能对资金进行最合理的分配。

第二，竭力控制风险。

高校在实施每一个项目之前，都需要由决策层对该项目进行全面的评估，将风险控制在一个足以掌握的范围内。在项目实施过程中，要做到实时监控，也可以考虑通过其他方式来分散财务风险，比如通过各种渠道进行资金的筹集，或者使用多种办学模式以及一些创新的制度等。

第三，建立有效的风险预防机制，减少风险发生。

这一点非常重要！高校要想使用资金，首先应根据目前资本市场的供求情况以及高校自身的发展来决定，并在尽可能减少风险发生的同时，要制订一些紧急措施，以随时应对突发事件，这样才能够保证资金安全，减少风险

发生。与此同时，高校如果想要保证资金的健康运转，还要将贷款控制在合理范围之内，并加大对外债的监督力度。

2. 财务信息的收集与传递是高校有效防范财务风险的前提条件，健全的财务信息收集与传递机制，可以为高校财务风险系统的良性循环打下坚实的基础。

高校在教研和日常运营活动中所表现出来的信息，其涉及面非常广，并且信息量大，因此高校财务风险防范要对信息格外重视，这些信息既有财务部门所提供的财务信息，还有教学、教辅行政部门所提供的非财务信息。针对这些信息，高校决策层需要建立健全信息收集与传递机制。

第一，制订信息统计表。

在信息收集方面，高校可以制订一个信息统计表，这个信息统计表包括教学、教辅、行政管理各个不同职能部门的信息。当然，因为各个部门的职能不同，信息统计表所采集的信息也各不相同，同时，制订信息统计表时可以提供各部门人员的主观信息，不过信息统计表制订者要使用描述性语言予以统计。

第二，强化信息收集员的职责。

信息收集员的职业操守特别重要，他必须提供客观、真实的信息。为此，高校应加强对信息收集员的业务培训和工作考核，使其业务能力不断提升。

第三，建立信息传递渠道。

校园网平台是信息传递的主要渠道，因此平台管理者要设置平台权限，信息职能部门将收集员收集的信息初审后及时传递，最终与财务部门所提供的财务信息汇合，并进行合理筛选、核对、整合，提高信息的有效性。重要信息应当及时传递给高校党委会。

第四，建立信息披露机制。

高校还应建立信息披露机制，适当地对外公开高校的财务信息，加强与校外投资者、债权人和监管部门等有关方面之间的沟通和反馈，在信息沟通过程中发现的问题，应当及时予以解决。在涉及重大决策时，必须征求全体员工的意见，同时还可以征求社会专业人士的意见，并适度公开有关决策，从而提升高校财务内控工作质量。

四、切实加强对高校财务内部控制工作的全面监督

对高校财务内部控制工作的全面监督，是高校财务内部控制工作顺利开展的保障。加强对财务内部控制工作的监督，需要从以下两个方面着手。

1. 健全内控制度，完善监督机制

第一，高校应按照国家《行政事业单位内部控制规范（试行）》的要求，完善现有的内部控制制度，为高校财务资金的有效运作和充分发挥其资金的使用效益而提供安全环境。要结合高校自身的实际情况，设计具有针对性和适应性的内控制度，制订详细的控制措施，加大执行力度。

第二，建立统一的内部控制执行规范。

高校为了开展业务需要制订统一的工作流程以及业务标准，并在内部各个职能部门之间要时刻保持沟通，做到协调配合。各部门要共同努力，积极配合工作，使内部控制的执行能力达到一定标准。如果内部各职能部门在开展业务过程中以自身为中心，各行其是，业务信息不能共享，将使得内部控制管理流程无法贯穿于各职能部门，给内部控制执行的持续性及规范性带来阻力，使内部控制达不到预期的效果。只有规范和统一各职能部门的工作流程及业务标准，才能使内部控制起到应有的监督、制衡及防范的作用。

第三，完善监督机制。

内部审计要建立健全各项财经审计业务制度和制订审计工作计划。根据审计计划，发挥内部审计的服务、咨询和监督的职能，定期或不定期实行财务审计和对内部控制进行评估，并将审计和评估结果反馈，针对发现的问题提出合理化建议，促进高校内部财务管理的完善和高校整体管理水平的提高，

提升财务风险控制的水平，有效地防范财务风险。

2. 充分利用信息化技术，优化财务内部监督机制

财务信息化管理能够加强内部监督，通过人工监督及电子信息技术监督相结合，可以确保内部控制制度被有效执行。

第一，加强财务信息化建设。

为了避免人为因素带来的财务风险，高校必须加强财务信息化建设，以提高财务信息利用率。首先，在构建财务信息化体系的过程中，要搭建一个统一的信息平台，这个工作需要财务部门和信息化建设部门共同合作完成。要加强财务信息平台的建设，在信息平台上体现财务各项业务工作流程，从而从平台上按规定的流程实现风险防控，减少主观方面带来的风险。其次，在财务管理风险的控制上应与时俱进，不断提高高校财务信息化建设水平，适时、有效地控制财务管理风险。

第二，实行财务信息化管理。

以往人们都用传统的方式去管理数据，但是如果发生差错或者数据漏洞，使用这种方法就很难被人们发现。后来人们采用了财务信息化管理，可以实现多方面管理控制。财务信息化管理不仅能减少错误率的发生，而且能有效地预防徇私舞弊的情况，还可以全面监督相关人员的工作，并在加强内部控制的同时，也让各个部门之间管理严格且有根据，做到奖罚分明。

第二章　高校财务内部风险分析与防控新思路

　　我国虽然加大了对高校资金投入的力度，可是教育规模扩张的速度明显高于教育资金投入的速度，因此，部分高校面临的财务风险较大。只有强化高校财务内部控制，尤其需要不断完善财务内部制度，降低财务内部管理风险，才可以预防财务风险的出现，以此促进高校稳定发展。而作为高校财务内部预算控制的一种新理念、新思路和新途径，网络报销将有助于提高高校财务管理信息化水平，并解决实践中财务报销难的问题。

第一节　当前高校财务内部预算控制存在的问题

　　高校财务预算是指高校在总结上一年财务预算的编制、执行及年终决算的基础上，根据本年度各项人员经费、教学科研及行政开支等情况编制的高校综合财务收支预算。而财务预算控制就是对上述预算进行实时的监督、考核及有效分析预算执行情况和结果，它能够反映高校经费管理的业绩，保证财政政策的落实和管理目标的实现。

　　高校财务预算控制涵盖了高校财务管理的整个过程，是高校内部控制的一个重要环节，对高校资源优化配置的实现以及保障高校各项工作的正常运转都具有重要意义。目前，我国各高校的财务预算控制存在很多缺陷，特别是有些高校只有预算而没有控制。本节将分析讨论这些缺陷的具体体现。

一、缺乏科学有效的财务预算管理

长期以来，我国高校财务预算只是依据上级财政预算批复政策及计划来编制预算，简单地按各项开支标准向各学院下达预算指标。目前，我国大多高校缺乏科学有效的财务预算管理及监控机制，特别是某些高校领导受传统教育管理思想的影响，只简单地强调教学和科研成果，忽视财务管理及预算控制的作用，即便建立了完善的财务管理制度，也是流于形式，应付上级财政部门的检查，致使控制制度失效，导致目前我国大部分高校预算管理及控制的环境极差。

具体来说，高校财务预算管理存在的问题可归纳为以下几点。

1. 预算外资金和预算内资金相互脱节

高校在对未来的资金使用进行规划时，能够较为精准地对常规性、延续性的工作进行预算。但是，当外部大环境发生变化，遇到需要处理的非常规性业务时，各部门之间总会出现一些问题，例如缺乏沟通以及主动高效的预算执行能力，尤其是当部门之间出现相互交叉的业务时，部门之间存在信息壁垒。

2. 缺乏独立的预算管理机构

对于预算管理工作，当前很多高校基本都是由财务部门承担。不仅如此，财务部门还有其他多项工作要做，既要编制本单位相关预算，又要承担财务预算相关的监督管理工作。这种一个部门承担多种职能的情况对预算管理机制非常不利，结果将会产生很大的负面影响。这样的机构设置对构建相互制约的预算管理机制有消极影响。

3. 缺乏预算管理监督机制

在当前很多高校中，预算监督管理这方面的工作都没有得到相应的重视，工作仅仅停留于表面。因为不被重视，所以预算监督管理是相对比较薄弱的一个环节，尤其是在预算执行的过程中，因为没有做实时跟踪和有效监控，以及定期的信息反馈，即使发现问题也不能督促相关部门进行整改。

4. 预算执行的能力不足

在预算执行过程中，很多高校经常会遇到预算收支与实际收支差异较大、预算执行率低、随意调整预算等问题。预算管理工作中的一个重要步骤和环节就是预算的执行，预算执行力不足的主要原因如下：一方面是财务预算管理制度不够完善，没有把预算目标根据实际情况进行层层分解，没有明确和落实各预算执行部门的责任，预算的刚性约束力发挥不够充分；另一方面是各预算部门对预算执行的认识存在偏差，重视对预算资金的争取，忽视对预算资金的使用，预算执行率与部门工作进度脱节，没有完全同步。此外，在预算执行过程中，经常随意调整预算，预算收支和实际收支存在差异，一些支出项目不符合财务规定等，这些不良现象时有发生，都是预算执行能力不足的表现。

5. 在预算执行过程中，许多高校的预算执行考核和评价体系还不够完善，所以无法准确地将相关投入和产出的效益进行反馈。

特别是在成本与效益的预算分析中，对于此项目是否需要资金投入，投入多少资金合适等都不确定。分析预算资金的成本和效益，就是评价资金投入和产出的效益的过程。通过对成本效益的有效分析，可以有效评价资金能否投入、投入多少资金比较合适，进而计算投入产出的相关财务指标，为下一年的预算编制工作提供参考和依据。成本与效益的预算分析如果失据或无法确定相关指标，将对高校财务预算管理毫无助益。

二、缺乏科学有效的风险防范机制

目前，我国大部分高校缺乏财务风险的识别、分析和评估机制。由于未建立有效的财务风险防范机制，造成财务状况失衡，资金周转困难，直接影响了办学效益，加剧了高校的财务风险。缺乏风险防范机制的表现主要有以下几个方面。

1. 财务风险意识淡薄

在高校中财务风险随处可见，比如科研项目建设的大型仪器设备的购买，以及新的专业方向的开设等。在这一系列的隐性和显性风险事件面前，高校往往考虑得相对较少，只考虑为发展的需求而盲目筹措资金，融资成本以及偿还能力等关注的较少。根据已有的大量研究调查表明，由于国家预算对高校的约束性较强，所以高校并不需要把财务风险管理纳入考虑范围之内，这就导致了高校的领导层和财务管理人员的风险责任意识不强，没有认识到财务风险的问题。财务风险监测和防范意识的弱化，必将最终导致高校财务风险的发生。这也是高校财务风险产生的主要原因之一。

2. 资金结构不合理

高校的筹资方式有很多种，现阶段可以筹集到的资金分别为权益资金和债权资金。这两种性质完全不同的资金如果能够实现合理搭配，则可以用来确保资金的正常周转。而现金很多会导致高校资金结构失衡，在资金总额占比中，债务资金相对过大。这种占比大大增加了债务利息的负担，同时减少了经济利益，偿还能力也相对应地下降，使高校资金链像拉开的弓弦一样越绷越紧；再加上缺乏还款计划的可行性研究，导致了还款期过度集中，贷款结构失衡，更加大了高校财务风险的程度。

3. 缺乏财务预警系统

财务预警分析对于高校来说有着重要的作用。所谓财务预警，就是通过财务报表及相关资料的综合分析、预测，及时利用财务数据和采用数据化管理方式，在高校现有财务管理和会计核算的基础上，设置相关量化指标，对高校经营各环节发生或将可能发生的风险，发出预警信号，为管理者提供决策依据。但是现在仍有很多高校没有建立财务预警系统，因为在技术、人员素质和管理等方面对财务预警系统的重要性没有足够的重视。虽然有的高校已经建立财务预警系统，但由于现行财务预警系统的局限性，其工作仍停留在表层上，定性分析不足，同样也在财务方面埋下了非常大的安全隐患。

三、传统的财务报账系统需要改进

随着高校办学规模的不断扩大,我国大部分高校的传统财务报账系统急需改进。因为传统的财务报账方法无法及时有效地满足各项管理工作需求,无法体现预算超支的情况,也无法向高校决策层提供及时准确的财务信息,严重阻碍了各项工作的顺利开展。高校传统的财务报账系统存在以下弊端。

1. 财务报账工作人员不稳定、压力大

在高校的日常管理中,不断增加的科研经费,还有后勤、工会、食堂等的统一管理,都将导致各项收入支出的增加和工作人员的缺少,从而使运转质量下降,不足以满足现有的服务对象。有部分高校领导只需要高校能够运转下去,而没有考虑运转如何、是否能满足现有服务对象,即便招聘也要求学历为硕士等。然而会计人员就业范围广,会计类硕士缺少,同样条件的临聘人员也会选择薪酬高的企业,这就难免造成流动性大、人员不稳定。新上岗人员一来就任职报账岗位,只能一边报账、一边学习业务知识,而新上岗人员自身压力大,也给其他财务人员本来繁忙的工作增加了压力。职位低的财务人员本身直接面对的是职称高、级别高的教师,有时让他们排队或报账不顺意,会招来怨气;如果高强度的工作得不到理解而又因为投诉受到批评的话,就会更加身心疲惫;报账人员业务素质也有差异,不按国家政策及会计法规执行同样的业务,或面对关系户、特殊户时,有的给报有的不给报,内部处理意见不统一,以至于引起议论。这些都是造成财务报账工作人员不稳定、压力大的原因,值得引起高校领导者的足够重视。

2. 在会计业务活动中,报账人大都集中在期末或年末、开学初来报账,等到要结题或要放假或结账时才突击报账,甚至造成像网上说的高校通宵排队报账的情况。

不仅报账人过于集中,而且很多报账人员不按规章制度办事,常常出现些自以为是的行为,认为有票就要给报,不清楚财务的管理权限,经常因为各种原因增加财务的工作量，使财务工作无法有效地开展。这些都给财务人员造成了很大的心理压力。

3. 现有的财务报账系统，需待改进的空间还很大

如今常用的报账流程需要报账人自行填写报账信息，然后进行财务审核、复核、付现或转账。这一系列的过程所耗费的时间和精力是显而易见的，而由此导致的矛盾，主要集中在审核和制单两方面，这些都需要前台的财务人员进行审核。比如报账人一次报销的票据有上千张之多，可想而知数清这些票据要占用财务人员多少时间，可能连报账人自己都不清楚究竟有多少张报账票据。另外，在现行报账系统下，审批者的责任感也不强，有时甚至金额不对也签字。因为审批者对自己签字的经费情况也不明了，不知道是否还有余额，所以导致财务办事效率低。

4. 宣传不到位，不了解相关规定

在高校内部，报账人可以是任何一个人，也许是教职员工，也有可能是学生，但是这些人有一个共同的特点，就是对会计报账文件以及报账文件的具体内部规定不了解，所以会出现和会计人员沟通有障碍，每每在报账的时候，总是多次进出财务处的情况。由于多次咨询财务人员，占用了自身时间，所以对财务人员有一定的误解，认为其中有故意为难的成分。其实，造成这些不理解的原因，都是相关知识宣传不到位，以及对相关规定相关法律解释不清楚，这些同样也会占用财务人员的工作时间，导致财务人员的工作量增多。

5. 考核激励机制不健全

在财务工作中常常会发生一种奇怪的现象，就是越慢越好。在这里，工作效率高的人在不停地工作，而工作效率低的人只是在抱怨，即便错了，效率也不高。财务工作由于分工较多，每个岗位的重要性也各有不同。简单点的职位不需要直接面对面，还有一些岗位没有考核机制，所以导致在没有检测标准的情况下工作效率不高。在这种情况下，领导者就要到每个岗位上了

解情况，并多方面收集资料，对每个岗位进行公平、公正的评价，尽量弥补考核机制的缺陷，最大限度地预防不良作风的形成。

四、项目预算编制和管理控制脱节

目前，我国部分高校的各项财务预算，特别是高校老师申请的各级项目的预算编制和管理控制严重脱节，具体表现在以下三个方面。

1. 预算编制与预算执行脱节

现在许多高校的预算编制都是为了应付上级或者项目主管部门的检查而做的，以至于实施起来完全不是那么回事，造成了预算编制与预算执行相互脱节，这无疑加大了后期管理和控制的难度。尤其是实行国库集中支付后，管理和控制的难度更为明显，经常出现"寅吃卯粮"的现象。而这种现象的产生，是由于在执行项目过程中有资金相互挪用的情况，以至于有一些项目虽然已经完成了，但是在国库支付系统中资金仍然有结余，有一些项目并未完成的情况下，资金却早已使用完毕，这种行为是典型的"拆东墙补西墙"，导致国库集中支付系统的项目支出与实际项目支出相背离。

2. 项目支出预算编制与高校年度发展计划脱节

由于项目支出预算几乎要提前一年编制，而高校下一年度工作计划往往要在年底才会制订，极易造成项目支出预算编制与年度发展计划相脱节，使某些项目支出预算在实际执行过程中必须进行调整，否则就很难实施甚至造成损失浪费。而现行预算调整程序又比较严格、报批时间也较长，为了不影响到高校年度发展计划的落地执行，这些高校常常自行调整项目支出预算或不按财政批复预算执行。

3. 会计核算和预算管理相互脱节

在现今高校内部，经济决策问题和实施内部管理制度问题常常会出现，但一些失误致使信息的全面性和准确性不高，而这种问题的出现就是因为在预算科目设置上过于随意。为了避免这种情况的发生，高校需要在编辑预算时，严格按照高等学院会计制度的规定去设置和使用预算科目，使两者之间不会发生相互脱节的状况。

第二节 高校财务内部控制与财务风险的分析

财务风险和财务内控作为高校财务的两个方面，一直是高校财务管理工作的重心。一方面，高校由于教学规模的扩大，高校资金短缺一直困扰着高校的发展；另一方面，相当多的高校仍然存在着管理意识淡薄、风险防控意识不强、管理不透明等缺点，从而有舞弊等违法犯罪事件的发生。因此，需要高校将内部控制与风险防控进行有机结合，不断完善财务内部制度，降低财务内部管理风险，从而使高校财务管理得到规范化发展。

一、对内部控制与风险防控相结合的分析

在现今所有的高校建设与发展过程中，高校如果想要提高内部控制的质量和效率，就必须将高校内部控制与风险防控相互结合起来。为此，高校要充分意识到全面风险防控的重要性，也要建立完善的风险防控及内部控制组织体系，具体要从以下三个方面着手。

1. 建立全面风险防控的理念和思路

思想决定行动，制度体系如何改革与发展，思想意识起着十分重要的支配作用。事实上，在高校当前发展的进程中，传统的内部控制已经不能适用，因此要把风险的防范和控制作为当前高校建设的主要目标。在高校的日常管理中，管理者需要认识到内部控制的重要性，在风险防控方面要树立积极的防控观念，能够有效地辨别风险，以及当风险来临时做好分析以及评估工作。

与此同时，要全面促进风险防控的常规化发展，让风险防控作为一种意识传达给所有的教职员工，最终的结果就是让所有职工对高校的风险防控理念予以认同，并且在日常工作中熟练应用，从而构建全新的内部控制工作环境。

2. 创建完善的内部控制组织体系

实现以风险防控为核心的高校内部控制，先要树立全面的风险防控观念，但是也只是工作的开端。若要充分保证高校全面风险防控的落实效果，就应积极采取有效措施，不断改进并完善高校内部控制体系组织结构设计。高校党委要在内部控制的建设中起指导性作用。高校校长作为内部控制建设的负责人，要保证这项工作能够进行且有效实施，并承担其主要责任。在高校内部控制建设工作中，高校领导班子的每个成员都有其应尽的义务，每个部门的领导也应对本部门的内部控制建设负主要责任。

在高校内部控制建设的过程中，要成立具有针对性的部门，并且明确该部门对内部控制建设工作的作用以及职能。在这里应选举出一个部门起牵头作用，该部门与高校决策层直接对接，配合高校组织协调工作。在高校的各类经济活动中，要有效地组织梳理业务流程，对业务的各个环节要明确，并对某次具体活动的风险进行系统地分析，确定风险点并制订出相应的策略。为了使高校内部控制更具完善性、有效性，还需要成立监督检查工作小组，该小组可以由内部审计部门或者相关牵头部门组成，其主要责任是内部监督检查，目的是让全校的内部控制得到更好的实施，定期组织编制风险评估报告，对高校内部控制的完善性、有效性等做出评价。

3. 内部控制具有较强的动态性，高校经营活动中所产生的风险也具有显著的不确定性。

内部控制一方面是一种有效的控制行为，另一方面也是防范风险的有效措施。所以，在高校的建设与发展中，应将开发先进的内部控制信息系统作为重要内容。

先进的信息系统是一种综合性的系统模式，它融合了全面风险防控信息系统以及风险预警分析系统。同时也可以让高校的业务预算、收支以及政府的采购业务、资产管理等变成一种新的管理模式。这种模式兼容了信息化和现代化的特点，据此可以创建更加科学及全面的资料库以及数据库。而财务和非财务信息的收集和整理，在内部控制信息系统中也可以得到更加高效并且准确的体现，进而使风险防控、内部控制的预警指标和辨识信息更加全面。通过预警分析，可以在面临风险时预测发生概率以及进行监控，对风险信息的灵敏性进行有效地增强，也有助于最大限度地减少或杜绝风险的发生。

综上所述，风险防控是高校内部控制工作中的焦点，需要着重关注。为了能够更加有效地控制财务风险和运营风险的发生，高校需要在内部审计方面不断地提高效率，以风险的评估作为基础，在此之上建立属于单位和业务层面的内部控制机制，将内部控制与风险防控充分融合。这样不仅可以有效控制财务风险与运营风险，而且也可以最大限度地为高校的建设和发展提供强大的动力，使高校的经营更具有稳定性。

二、对不断完善高校财务内控制度的分析

内部控制的制度化就是运用规范化的操作方法，使人员流动、物资配送、人员管理等环节都采用规范化的操作方法，通过系统完善的制度，提高工作效率，提高管理人员的工作职责，降低工作成本。主要包括以下几个方面的内容。

1.强化高校财务内控意识

财务人员是内部控制制度中的重要执行者，他们需要在业务中不断提升自己的业务水平，同时在执行各项财务政策制度时，对工作认真负责，并且他们需要具备良好的职业操守。只有符合这些优点，才能做到内部控制制度的有效实施。而管理层则需要特别加强对财务工作的重视程度，努力建立与完善财务内控体系，加强高校各部门、教职员工对财务内控制度的重视，以

确保内控发挥其应有的监督控制作用。高校在加强内控意识方面要做到以下几点资产保全意识，即风险防控意识和授权审批意识不相容，职务相分离意识和岗位之间相互监督意识。高校应进一步强化不相容职务相分离意识、资产保全意识、风险防控意识、授权审批意识、岗位之间相互监督意识、财务报告公开意识等，从而形成内部控制的根本动力，推动和引领内控工作的有效开展。

2. 科学合理编制预算，强化对预算执行的监督力度

财务预算在高校的日常工作中不可或缺。当高校需要开战教学科研和其他各项工作时，就要以财务预算为依据和前提来做决策，所以财务预算必须要做到科学且合理。首先，在编制预算工作前，应该将未来一年的工作计划纳入考虑范围，将各项财务收支进行整合，将预算编制的整体计划性更强。其次，高校财务预算要做到支出合理性，这就需要采用零基础预算编制方法，就是在编制预算的过程中，不只考虑下一年度项目的支出，而是充分考虑论证下一年度每个项目支出的合理性，以此为基础编制财务预算，以确保预算和支出相符。最后，对已完成的财务预算予以实施，并在执行过程中要加大监督力度，防止支出项目被随意扩大、随意增加来调整预算的行为，要确保预算的控制作用得到全面的发挥。

3. 加强制度建设，进一步完善财务内控制度

首先，高校在制订内部控制制度时，要符合自身特点和本校财务管理的要求，要做到涵盖所有人员和各个部门，并严格遵守国家相关内控政策法律。其次，要建立财务报告制度，及时地对财务信息以及收支情况予以公开，为管理者提供的决策信息也要做到及时有效。最后，要对执行情况进行监督，以确保内控制度建设的有效实施。

4. 加强审计监督，充分发挥内部审计部门的作用

内部审计是高校财务内部控制制度的重要组成部分。鉴于前文所述内部监督存在的问题，主要从以下三个方面强化内部审计监督职能：首先，为了

保证审计工作具有独立性，要明确指定职责权限。其次，在高校经济活动日益增多的今天，要对审计部门的业务内容做出相应的扩展，把从前的工作范围扩大，将内创收入、资金分配也纳入工作范围中，在充实内部审计工作内容的同时，也为高校财产、资金支配和利用做好把关。最后，充分发挥审计监控作用，要将监督重点进行全面强化，做到事前、事中、事后的监督，从而有效预防不法经济行为的产生。

5. 加强财会人员队伍建设

首先，对财会人员定期组织培训。在内部控制实施过程中，财会人员作为执行者应具备较高的综合素质，这样才能更好地保证内控制度的有效执行。因此，财会人员在职业道德教育及业务水平提升方面要予以加强，这样才能确保财会队伍的优秀以及自觉性。其次，定期让财会人员轮岗。财会人员如果想要更好地完成财会工作，就要熟悉各项岗位的各项业务，所以设置定期轮岗制度，这样有助于防范各项财务风险，使岗位之间相互监督，有助于财会人员熟悉各项业务，更好地完成财会工作。最后，高校应在一定条件下设立总会计师岗位，总会计师对各项制度政策都相对比较熟悉，这样可以更好地为管理者提供决策信息。

三、对降低高校财务内部管理风险的分析

高校财务内部管理面对的风险主要存在于四个方面，即筹资风险、投资风险、流动性风险和信用等级下降风险。要想获得较强的财务内部管理效果，就必须从这四个方面创新管理方法，降低财务管理风险。

1. 降低筹资风险

高校向银行等金融机构进行过度举债或者不良举债，到后期没有偿还债务的能力，从而造成不良影响，这就是筹资风险。筹资风险的有效控制，可以预防过度举债和不良举债现象的发生。所以控制筹资风险对于财务管理是

尤为重要的。投资风险的控制是高校正常运营的基本保障。

在高校发展的过程中，经常会出现一些不合理的筹资现象，比如筹资规模过大、偿还期限不合理等，这些较大的不安定因素会给高校的财务管理带来巨大的压力。所以高校在新形势下对不合理的筹资要尽量减少或避免。首先，高校在筹资过程中需要对本单位的资产负债率进行分析，避免较高的资产负债率给高校带来的巨大财务风险。还要了解高校每年的债务偿付金额，从而做到有效的筹资风险的预防。其次，高校在扩张方面要尽量避免超规模扩张。有些高校想改善教学条件，所以就大规模地兴建校舍，这种行为只可以改善短期内的成果，但会导致资金供应不上、软件设施无法配套等问题的出现，从而也会对科研教学水平产生极为不利的影响。

2. 降低投资风险

近几年高校不断扩招，致使高校存在严重的过量投资的现象。一些高校没有考虑到自己的资金实力，盲目超规模地进行基础设施建设，超过了高校正常的资金负荷。虽然高校在投资活动中有一些资产，例如教学用的固定资产、后勤经营性资产、校办产业、股票证券等金融资产，但从实际情况出发，这些投资加剧了风险。

为了降低投资风险，提高有效投资比例非常重要。首先，高校需要仔细审查具体的投资项目。高校的投资不一定是为了获得高经济效益的流入，而往往是为了增强单位的科研实力或招生实力。因此，在考察投资项目时，高校不仅要考虑经济因素，还要考虑经济效益以外的其他因素，包括社会效益、大学实力等。通过建立完善的投资项目效益评价体系，对投资项目可能产生的效益进行评价。其次，评估投资可能性。由于高校的非营利性质，其自有资金一般用于维持单位的正常运营和管理。在这种情况下，高校有必要评估其能够承担的投资负债金额，以避免由于投资收益低于预期而无法支付到期负债。最后，在做好内部控制和防范工作的前提下，自觉接受外部监管部门的监督管理。坚持经济手段与法律手段相结合，依法办学，依法管理，科学决策。依靠机关管理与基层管理相结合，不仅要加强对基层有价值采购项目的检查监督，还要做好各部门的自律监督工作。

3. 降低流动性风险

流动性风险是指行政事业单位的资金流动能否支持其正常经营管理活动的风险。对于高校而言，资本流动性水平将对其日常经营活动产生重大影响。因此，应加强高校资金的流动性管理，确保高校的稳定发展。

高校财务管理中降低流动性风险的关键是提高资金的流动性。首先，高校在控制和管理资金时，要确保日常基本支出，根据自身情况确保高校的项目支出，再进行下一年度支出项目的预算编制。通过零基预算与增量预算相结合，提高高校资金管理水平。预算水平的提高对未来几年的支出项目有一定的预期，并将改善之前的资本流动安全水平。其次，由于高校财务管理采用现金收付制，有必要对预付款进行严格管理。减少收入和支出之间的不对称，缩短账户上已确认支出与实际资本流出之间的时间差。通过上述措施，可以在很大程度上降低高校财务管理中的流动性风险，从资金流动的角度保障高校的日常经营管理活动。

4. 降低信用等级下降风险

高校信用等级的高低直接影响高校现金流入的可能性和投资行为。在以前，高校如果需要投资，银行会主动放贷，因为以前高校收入来源稳定，又是国有公办，但是后来由于高校债务无法及时偿还的现象频发，导致高校的信誉等级降低，融资困难加大。

信用等级的下降带来了一定的风险性，只有合理规避风险，增强风险意识，才能有效降低风险。首先，在贷款资金管理方面要实行专款专用的政策，在做好财务规划的同时，贷款资金要根据建设进展情况逐步到位，同时要注意各贷款种类的组合优化，这样也能够少花钱多办事，让资金降本增效。其次，在资金筹措方面可以考虑多种渠道，同时还款能力也要增强。高校应充分利用现代信息技术开发，创新对欠费的处理方式，尽可能提高学费收入预算完成率；充分利用高校现有资源，配合国家有关继续教育政策，举办各类成人教育和培训增加教学收入；加强校际联系，利用资源共享增加教育服务收入；加强国际高校间教育和科研技术交流，吸引外资办学；选择成本最低的筹资方式，同时积极发现和充分利用新出现的各种有利于高校发展的筹资方式。总的来看，高校综合实力的增强，高校集聚社会资源的力量和对外影响力的增大，能够增强吸引优秀生源的竞争力，这是防范信用等级下降风险的根本。

总之，作为国家科学教育的支柱，高校对于提升我国科技水平具有重要意义，因此必须要加强对财务管理的风险管理，提升高校在投资决策、筹资决策等方面的有效性，保障高校稳定发展。

第三节　高校财务内部预算控制新思路：网络报销

高校传统的手工报销方式在庞大的业务量面前所暴露出的问题越来越多。高校财务部门作为高等教育经费的管理部门，在现代计算机技术及互联网高速发展的背景下，将报销工作与网络信息化结合起来，实现网络报销，已经成为当前高校财务管理工作改革需要探讨的课题。

网络报销模块系统可以有效地将报账和预算紧密结合起来，在报销的过程中体现预算，在预算的控制下进行报销，是一种非常有效、有用且实时的预算控制新思路。本节将详细介绍网络报销的优势、模块功能及应用价值，以及该系统的业务流程。

一、高校网络报销的优势及注意事项

网络报销是指将传统的报销转入网上来完成，报账人不用亲自跑到财务处排队报账，而是登录高校财务报销系统，在网上填写报销单据，上传报销

原始凭证，由财务人员在网上审核并打印记账凭证的完整报账过程。

现在越来越多的高校开始推行网上自助报销。与传统报销方式相比，网上自助报销存在以下优势。

优势一：精简审批流程，提高财务报销工作效率。

有些高校的会计工作仍在沿用传统的报销流程，首先由报销人员将单据手工填写好，然后再由相关负责人或各级领导人进行审批，审批过后才可以依据单据进行报销。这种模式让员工有很大的意见，因为审批环节较为复杂。在审批的过程中常常会遇到一些突发状况，比如报销人与审批人既不同时也不同地，这些不确定因素导致了报销人时间成本的增加，审批这个环节也是传统报销流程中最需要改善的方面。与这种传统的报销流程相比，现在的网络报销模式避免了以前那种不良情况的产生。在网络报销过程中，单据的审批只需要上传网络报销系统，再由审批人进行签字，从而实现全面电子化报销。

优势二：避免现场报销业务数量大，减轻财务人员心理压力。

高校财务人员在日常工作中会面临很大的工作压力，这一点是显而易见的。在众多财务岗位中，前台的会计人员常常要做现场报销，便是其中压力的一种。这种压力会让会计人员判断力下降、价值判断应用不当。对于运行管理来说，这种压力也会造成一系列不好的影响。如果财务人员将现场报销工作转换到网络上进行，那么网络工作环境就安静多了，这对财务人员来说，可谓是良好的工作氛围，他们就可以更加认真、专心地审核单据，就不会再有判断力下降、价值判断应用不当的状况发生，工作效率将大大提高。

优势三：增加部门协调性，财务信息及时传递反馈。

财务管理并非一个独立的存在，它在高校的整个管理体系当中有着举足轻重的作用。财务管理与教务、科研、资产、学生管理之间有着密切的联系，是一个有机整体，而作为这个整体中的一分子，其对信息的传递与反馈可谓至关重要。在财务管理传统的报销手段下，信息的传递、反馈和宣传基本上靠的是财务人员个人电子邮件来进行的，其所带来的效果十分有限，效率很低。但通过网络报销，可以实现财务信息共享的要求，且可以将各部门全部参与其中，各部门可以自主地实时查看最新数据。与此同时，其他部门数据资料的变动也可以在财务管理部门实施同步调整。

优势四：节省报销人员等候时间，教职工报销自由度增加。

在会计工作中，传统的前台报销需要报销人员自行准备报销所用全部单据，并在柜台前排队等候。如果在报销的过程中遇到报销时段报销人员较多的情况，那么就会延长排队的时间。这种情况严重影响了从事科研的报销人员的工作热情，同时也造成了其他教职人员的时间成本被抬高。而网络报销的有效实施，让报销人员在报销时间、报销地点的选择上更加多样化、自主化，有效的报销进程可以最大限度地减少麻烦的产生，更加合理地安排时间。

优势五：加强预算管理控制力度，提升管理水平，做好支撑服务工作。

网络报销模式可以很好地对业务预算实时控制，工作人员只需在软件上设置控制条件，一旦发生异常情况，电脑就会自动弹出警告。比如对劳务、交通费有限制要求的经费细目下建立预警机制，支出超出限额即停止报销。也可以随时对预算执行结果进行分析考核，并做出相应处理，将注意事项通过软件传递给相关部门，更加有利于支出的优化配置，进而对资金使用产生激励、约束和控制作用，提高财务管理水平。经费使用部门通过网络报销系统，也可更加透明直观地查看经费使用进度，对各项支出进行约束，加强科研项目经费管理，提高资金使用效益。

值得注意的是，基于网络平台的网络报销方式虽然具备诸多优势，但由于互联网具有开放性、虚拟性及不稳定性，在网络报账推行实施的过程中仍存在一些不足之处，并没有完全达到人们所预期的使用目标。因此，应更好地优化网络报销流程，改进报销系统功能设计，创新财务服务手段，这是当前高校财务管理与服务工作改革需要探讨的课题之一。具体方式方法如下。

1. 做好高校全员报账流程及软件使用培训工作

网络报账作为当前的一种新型报账方式，还有很多人不会使用。在这种情况下，我们就可以根据使用人员的自身特点进行分批分次的有针对性的培训。对于从未接触过财务工作的员工，要做全面的培训。对于教师可以通过分发使用说明书及视频等方式进行宣传。而对于行政人员，就可以集中进行讲解，并组织上机实操。

2. 注意同教职工的沟通交流与反馈，提高报账效率

传统报账与网络报账各有其优点。在传统报账中，如果遇到问题，报账人员和会计人员可以进行当面沟通，让眼下的一些问题得到及时解决。而在网络报销中，报账人员不需要到现场办理业务，如果在单据的审核过程中出现了一些问题，那么就需要会计人员采取其他方式进行沟通，比如采取电话沟通方式，解决意见分歧，从而可以有效避免影响报账的效率。

3. 做好原始单据的传递保管工作，避免遗失的风险

传统报账方式中，报账人员在提供报销单时，要在报销单后面附上原始单据。此单据是这笔款项支付的重要凭证。在网络报账方式中，因为报账人员是通过网络投递方式来提供原始单据的，所以报账程序是由报账人员先在网络系统中完成前期的信息录入，然后再将原始单据统一递交给财务部门，由财务部门统一登记保管。在报账人员交出原始单据到会计人员编制记账凭证期间，以及会计人员退回不合理、不合法的无法报销的单据时，都需要财务部门切实做好对原始单据的收录登记及保管工作。因此，财务人员要做好原始单据的传递和保管工作，避免遗失的风险。

4. 网络安全及风险防范问题

网络报销的途径是在互联网上进行财务工作的对接，在高校内网与外网对接的过程中，要确保网络畅通，避免发生掉线的状况。同时，由于互联网具有开放性的特征，网络报销系统很容易受到网络病毒的攻击。如果互联网受到网络病毒的攻击，就有可能导致重要信息的泄露。有的网络漏洞甚至被

外部所利用，以至于电脑被外部实时监控并被其获取关键的财务信息。为保证计算机的全面安全，高校要派专人不断更新会计系统，制订专属的安全防护措施，定期检查数据备份，以此来应对网络风险。

5.网络报销的开展需要高校领导的高度关注

高校的领导要时刻关注网络报销。网络报销不仅是技术问题，它还关乎着高效的管理和创新。对网络报销的组织实施和宣传推动工作，要切实地、不断地进行。网络报销是财务信息化的体现，要给予高度重视，同时要制订相关的管理规章制度，通过不断发展、不断适应、不断完善，优化软硬件，让财务部门服务水平进一步得到提升，更适应高校整体发展的需要。

综上所述，网络报销模式是一种对传统报销模式的变革，这种全新的报销模式可以从根本上提高工作效率，最大限度地解决每次集中报销时的排长队现象的产生，同时对支付风险进行有效规避，值得高校进行尝试。网络报销是一种值得大力推广的报销方式，是一种新生事物。在实施过程中，由于涉及面广又是新生事物，更需要多部门人员的积极配合，对教职工队伍素质、信息技术水平、高校的管理文化都提出了新要求。高校应以此为契机，推进高校信息化建设，进一步构建高校财务综合信息体系。

二、高校财务网络报销模块及应用价值

根据高校业务活动和财务管理的需要，可将高校财务网络报销的模块分为以下几类。

高校日常教学办公业务模块，主要核算各学院日常教学办公业务。

科研业务模块，主要核算日常科研业务及教师申请的各级科研项目。

设备采购模块，主要核算需要通过政府采购招标的大型仪器设备采购业务。

学生业务模块，主要核算各项学生事务，如学生活动费、学生毕业设计及科研等。

高校基建模块，主要核算高校基础建设、教学实验设施的大型维修等。

高校日常维修及后勤保障模块，主要核算教学实验设施的日常零星维修业务以及后勤保障经费（水、电、暖、卫生、绿化等基础性保障工作）。

网络报销系统的应用价值体现在预算、报销和分析这三大功能部分。

预算功能的应用价值：统一规范预算支出制度，为企业预算管理措施得以有效实施提供基础平台，提高会计信息质量。促进财务业务数据有效结合，加强部门之间的信息沟通，控制费用支出合理性，严格执行预算情况控制，达到管理协调统一。全程实时费用动态监管，掌握费用支出流向，真正实现"事前预算控制，事中财务核算，事后报表分析"。提供动态的预算执行控制和预警机制，各级领导可以随时监督执行支出情况。

报销功能的应用价值：在监督和审批方面，可以做到有效的实时监督和随时随地的集中签批。在对项目管理的过程中，可以通过对预算报销系统的监督，了解项目费用支出分配的情况，确保项目费用支出的时效性。规范借款报销单据格式，在填写时进行容错控制，使得填单出错率大大降低，同时系统对于项目支出明细进行有效性检查。在系统自定义审批流程方面，用户能够动态地对审批流程进行查看，并即时关联查询到报销单据，报销单据提交后会通过邮件和短信的方式向后续审批节点进行自动通知。在财务记账凭证自动生成方面，大大减少了会计手工填写的错误率，简化了财务记账工作量，提高了财务工作效率。除此之外，可以对报销单据的原始数据进行电子归档，永久保留，并可随时调阅查询。

分析功能的应用价值：预算报销系统数据实时更新，保证数据准确真实；多年预算数据、支出数据对比分析，趋势分析；报表数据提供权限管理，数据集中、安全。

三、高校财务网络报销业务流程六步骤

财务网络报销系统由网上填写报销单据、上传报销原始凭证、财务人员审核等子系统组成，每个系统之间相辅相成，共同完成高校各项资金收支的全过程。在网络报销的每一模块中，都设置相应的预算控制标准，这样在实施网络报销时，系统可自动地实现预算控制，大大提高了财务管理的效率。其业务流程可分为以下六个步骤。

第一步：报账人本人需要注册系统账号。

在进行财务报销时，报账人注册登录财务网络报销系统，并且必须是本校人员凭财务编号才有资格登录。

第二步：选择报销类型模块，按照报销类型进入指定模块进行信息的输入，每一模块中有不同的预算控制与之相对应。

例如，在国家级省级项目的报销中，将该项目的报销模块和申请书中经费使用预算进行链接，因各项支出费用的占比各不相同，在填写的过程中会在模块中进行直接的体现。若此费用的支出已高于预算比例，就会产生无法录入的情况。这样对预算的超支现象从源头上进行了控制，有效避免了人为控制的隐患发生。这一点很好地体现了网络报销对预算控制的作用。

第三步：报账人首先要录入需要报销的内容并上传报销单据。

输入发票的详细信息并扫描二维码，以此来确定发票的真实性，并保证原始凭证真实。也可以和税务局网站进行链接，来查询发票的真伪度。在网站上设置修改和查询的图标，这种便民设置可以让报账人在报账的过程中对报销内容进行随时修改，并且可以实时了解报账的进度。为了能够更方便地上传和查询，建议发票采用机打的形式。

第四步：网上审核是整个财务报表过程中尤为关键的一步，首先需要财务人员将报账人所提供的报销数据和发票信息与财务制度做对照，将报销单据和发票进行分析审核，将符合制度的数据打印出来作为会计凭证使用，然

后再与其他凭证共同拿给复核人员做进一步处理。

如若发现票据和发票与财务制度规定不符合的情况，网站上则会显示该数据未通过审核，这种情况下就需要返回到第三步，由报账人重新将数据和发票进行修改更正，直至内容全部正确，符合报销标准。

第五步：在所有数据审核通过以后，报账人将全部报销单据一同送到复核处，再由复核人员将原始单据和网上报销数据进行再次审核，观察是否一致，若两项数据内容一致，则点击确认键，此次复核通过，进入下一环节，即结算环节。如果内容不一致，则需要重新调换数据，直至本次报销完全符合财务制度对规则的要求。

第六步：最后一步就是结算。

报销资金会通过网银结算系统直接转入报账人所提供的银行账户。网络结算的优势在于不需要到现场领取现金或者发票，直接就可以将报销任务全部完成。

第三章　高校财务内部管理的核心：财务预算

　　财务预算是一种重要的管理工具，它能够帮助管理者对财务进行计划、协调、控制和业绩考评。一切财务活动都是对财务预算执行情况的反映，预算的准确与否直接关系到高校的兴衰成败，因此财务预算是高校财务内部管理的核心。为此，本章将分析高校财务预算存在的问题与精细化管理，探讨全面预算管理模式下的财务分析体系构建，给出绩效管理视觉下的高校财务预算策略，并简要介绍无现金结算这种高校财务内部结算新模式。

第一节　高校财务预算存在的问题与精细化管理

　　财务预算是高校财务管理工作中的重要部分，是高校有效开展各种教学活动的基础。随着我国教育事业的不断发展，高校财务预算管理工作中存在的问题也越来越多，给高校各项教学活动的正常开展带来了严重的影响。在这种情况下，精细化管理模式已逐渐成为高校财务预算管理处理管理问题的有效方法，并逐渐被各高校采用。基于此，本节以高校财务预算管理为主题，分析了高校财务预算精细化管理的内涵，指出了高校财务预算管理存在的问题，阐述了高校预算精细化管理的思想保证，论证了高校财务预算编制及其执行的精细化管理，并提出高校预算精细化管理的改革措施。

一、高校财务预算精细化管理的内涵

现代管理学理论认为，科学管理可分为规范化、精细化、个性化三个层次。其中的精细化管理，是从规范化管理向个性化管理的过渡形态，是服务质量以及社会分工的精细化对现代管理理念创新的必然要求。总而言之，精细化管理就是以国际标准和规则为指引，以效益最大化为目标，以风险可控为前提，以科学、系统、规范、精密、严密的管理为过程的一种极具实用性和可行性的管理方法。

高校精细化管理和企业精细化管理不是完全相同的。高校财务预算实施精细化管理需要明确与其自身特点相匹配的内涵特征。

第一，高校如果想提高本校整体的管理效果，就要在某些事项上将工作进行量化和细化的调整，这种调整被称作精细化管理。

这项工作首先要确立精细化思路，构建一个一体化的系统方法，并保证该系统方法在目标任务中顺利执行。然后按照高校预定的目标和事项，再进行全面实施。

第二，高校的发展水平反映了高校的管理水平。

在整个管理过程中，要将精细化管理和企业精细化管理进行区分，使精细化管理更符合本校的发展特色。在整体水平不断提升的前提下对财务预算进行精细化管理，从而达到最佳的整体效果。

第三，在高校进行预算精细化管理时，要将预算管理的信息性和整体性都纳入考虑范围，将预算管理本身的执行力落实到各部门中，再完成其相应的审核，并在此基础上建立与之相匹配的工作流程与规范。在做预算精细化管理时，要做到精益求精，这样才能在经费管理方面看到有效的成果。

第四，精细化管理体系要求整个系统内部相对完善，工作思路精细化，并且按照规章制度的要求，优化内部体系，持续提高高校发展水平，为高校持续性发展奠定基础。

二、当前高校财务预算管理存在的问题

高校财务预算有助于提供科学决策，提高资金使用的科学性，实现高校资源的优化配置；也有助于控制财务风险，增加资金使用效益。但由于受制于特殊的国情，以及长期运行于计划经济体制之内，习惯了旧的简单粗放的管理模式，再加上当前社会政治经济的发展，高校旧的预算体制已经不合时宜，存在着许多弊端。具体来说，主要是预算精细化管理事中和事后存在的制约因素，以及预算管理程序的不规范，还有定额标准体系不科学的问题。

1. 高校预算精细化管理过程中，事中与事后两者之间存在着制约因素

首先分析一下在高校预算精细化管理过程中，也就是事中存在的制约因素。

第一，高校的预算执行在硬件条件方面有所欠缺。

据目前观测，在我国高校中，人员管理和各项业务管理都严重缺乏统一性，因为统一性的严重缺失，所以没办法实现规范化的管理。同样的，这种情况的产生，也无法进行统一监控，从而使得监控中出现真空地带，这就会导致在预算执行的过程中出现差异性。而在这种差异问题的处理上，无法进行及时的沟通、分辨以及控制，从而无法做到及时的预警。

第二，预算的执行缺乏刚性。

高校在执行预算时，总会面对一些情况，如年初增预算、年终加预算、年末超预算等。而随意追加预算的事情也经常发生，其原因在于没有认真进行预测。现阶段使用的预测大部分沿用了上一年度的预算，只是对其中一小部分做加减处理，这会对预算执行的权威性、刚性、约束性有较为严重的影响。在高校的预算活动中，预算常常会因为客观环境等一系列因素的影响做出相应的调整，而在预算执行时并没有依照预算调整来实施，所以会导致实际资金的支出与预算资金之间有着巨大的落差。

第三，岗位设置缺乏明确的职责分工。

当前各高校对预算的管理划分制度依旧不太明确，导致每一个环节里的岗位没有明确的业务界线。比如，将会计核算和预算执行两种岗位用一人管理，这就会造成会计核算和预算执行的整个过程中存在很大的随意性。

接下来分析在高校预算精细化管理过程中事后存在的制约因素。

第一，预算缺乏监督力度、透明度。

对于高校预算管理工作的划分，在认知上存在很大问题，上至领导层、下至普通教职工，都认为预算管理工作是属于财务部门的管理范围。由于对预算管理工作认知的缺乏，当预算指标下达到各部门时，只能被动地接受，导致在执行预算指标时无人问津。由于高校的监督机制不够完善，所以相对的年度预算的执行情况、考核情况和相应的经费支出都未做出公开。

第二，预算绩效考评缺乏细致性。

在各高校中，如果想要知道经费使用情况，就要对预算的执行情况进行考核，这种考核机制可以对经费使用情况进行有效的衡量。由于高校的绩效考核机制不够完善，缺乏其先进性、科学性，有的高校虽然关注了预算的收支，但是忽视了对预算绩效的考核与评价，致使在预算执行的过程中失去了导向作用。例如，有的高校只关心经费的取得，对于经费的使用情况并不在意等。

2.高校预算管理程序的不规范

财务预算管理影响着高校的发展进程，但是现阶段高校财务预算管理的实施还无法满足相关的标准以及要求，因而在实际工作中发生一些问题。这些问题具有一定的复杂性，有时甚至严重影响到了高校财务预算管理水平的提升。

第一，认识不足。

高校想要优化发展，就要对预算精细化管理加深认识。在高校发展的每个环节里，如果精细化管理没能在其中起到应有的作用，就会使整个发展过程的规划以及管理缺乏整体性。

第二，预算执行考核与行政审批环节多。

预算执行是考核财政资金支出效益的一个重要指标，因此在单位进行项目实施的过程中要首先加强预算执行，从而开展该项目的建设工作。但是项目面临的审批环节较多，一方面，项目实施单位要加强预算执行，推进项目建设；另一方面，项目面临的行政审批环节较多，如基建项目发改委立项、设备采购项目资产报备、信息化项目工信厅报批、超过限额项目需要进行预算评审。行政审批环节较多的现实，在一定程度上限制了项目实施单位的预算执行。

第三，在资源配置方面存在诸多问题，影响高校财务管理水平的提高。

由于高校在资源配置方面比较欠缺，所以常常会出现一些问题。这种情况严重影响到了财务水平的提高。还有个别高校在发展过程中，会根据发展现状对资金使用额度进行简单的运算，但是并没有把精细化管理的要求着重落实下去，导致在预算管理工作中发生偏差时，不能及时进行调整，也使编制环节出现了漏洞，还有在职责方面也会产生一些疏漏。这些问题的出现，对资金使用效率的提高有着较为严重的影响。

第四，故意虚高申报预算。

高校的稳定发展在一定程度上取决于财务管理水平的高低，如果高校忽视对财务的管理，在财务预算的申报过程中虚报、高报、谎报，那么就会导致预算金额超出实际的预算控制金额。这种情况的发生不仅会影响到管理效果，还会降低内部的影响力，同时影响到对资金使用的约束和监督。

3. 定额标准体系不科学

在高校当前的预算管理工作中常常会暴露出定额标准体系不科学的问题。

第一，定额标准体系存在较多的不科学隐患，需要制订与其相关的管理制度，尽量避免定额标准体系中不科学隐患的发生。

虽然当前相关政策对支出项目进行了详细规定，但是在定额标准体系中还是存在较多的不科学隐患，这种隐患将会对后续工作的顺利实施产生严重影响。比如，相关管理制度的预算金额没有得到界定，所以在日常管理中高校会采用经验评估的方式进行预算，然而在实际工作中也经常会产生一些不良因素，而这种因素具有复杂性的特征。经验评估的方式将会导致预算的内容和实际存在较大的误差，而且也会使预算定额的标准无法精准确定。这些情况的产生都会影响到后续的管理工作。

第二，精细化管理与信息化建设水平低的矛盾。

《中华人民共和国预算法实施条例》的新规定对财政支出经济的分类进行了改革，对于高校预算精细化管理方面也有着越来越高的要求。在改革中，要求预算单位更细致地对待资金支出问题。对于预算的执行、预算的下达要全部明确到支出经济分类。还有高校信息化建设与精细化管理之间的矛盾，由于要求尚未达到，所以导致在整个预算执行过程中需要调整支出经济分类，但由于此项工作所涉及的流程较多，时间较长，所以会在一定程度上对预算执行产生负面影响。与此同时，经费由上年结转到下年进行使用时，在整个过程中也会存在支出经济分类及其具体数额的确定和结转等。

第三，在预算执行时部分单位临时增加一些预算，并且将一些硬性标准转变为软性标准。

这些问题会影响预算定额标准体系的完善，无法获得有效的支持，同时也会让高校财务管理工作无法顺利进行。

三、高校预算精细化管理需要思想保证

为了使高校财务预算精细化管理效果能够得到全面提高，在实际工作中需要相关高校转变以往的工作思路，加强对预算精细化管理的认知，落实精细化的理念，为后续工作的科学实施奠定坚实的基础。主要把握以下几点。

1. 在高校内部需要领导加强对预算精细化管理的认识

只有提高领导的认识，才可以在内部促进良好的工作机制全面提升。认

识提高后，要进行预算精细化管理的普及，例如可以通过公众微信号和知识讲座等方式，向相关部门人员讲解精细化管理的主要原则和工作思路等，不断强化工作意识，开展理论和实践的交流会，在部门内部形成良好的工作氛围。

2. 认真解决以往预算管理工作中的问题，真正将精细化思想落实到不同的工作环节中，全面提高整体的管理效果。

3. 制订奖惩机制

鼓励部门人员积极学习相关的规章制度，并且具备一定的防范意识，从而使精细化管理能够落实到不同的工作环节中，形成自觉行为，提高预算管理的效果和水平。

四、对高校预算全过程进行精细化管理

高效的预算管理包含预算管理水平的提升、资源配置的优化，以及资金使用效率的提高。如果想要高校的战略目标得到实现，就需要从全过程管理入手，在预算编制、预算执行、预算监管及预算绩效评价等各个环节做到全方位掌控。要主抓特抓高校预算精细化管理，将精细化管理引入高校预算分析、编制预算及预算绩效评价中来，强化责任的落实，强化制度规范行为的刚性。只有做好以上几点，才能使预算管理在财务管理中充分发挥其应有的作用，进而实现资源配置的优化以及提高资金的使用效率。

1. 预算编制：分析预算内容，制订预算编制原则与方法

高校的经费来源渠道较多，按性质可以分为财政项目经费、基本支出预算及科研经费等，高校预算管理就是对这些不同来源的经费进行分析处理。要将预算项目细分，以此为前提，找到适合其特点的预算编制原则和方法，做到预算编制精细化的有效实施。

财政项目经费是高校发展建设的主要经费来源，财政项目经费预算是部

门预算的重要组成部分，是高校各部门完成教学、科研事业规划及发展目标的重要补充。在高校的发展建设中，要结合编制预算，做好专项的规划，使有限的财力与实际需求之间实现平衡。要全面为高校教育的财政需求考虑，确立并了解本年度的工作重点和优先保障项目，使项目依据得到充分的论证，在资金投入方面保证其有效性，将现有财力进行集中，致力于解决高校发展建设中的关键问题，并把项目进行科学的分类，按照由轻到重、由急到缓的顺序依次实施。做到每个项目的支出都有充分的依据，细化其内容，明确其目标。对于项目的确定要做到全方位的考虑，在考虑教育发展的同时使其达到阶段性目标。

与此同时，也要照顾到教育周期性长的这一特点，对于跨年度项目进行方式的选择需采取部分推进式，将投资计划按年度进行科学有效的编制，确保资金投入效益的整体性和连续性。在资金配置方面，不同的学科按其特点分类，然后再定制资金的标准，并加强资金配置的全局意识，让配置资源得到更加系统科学的优化，从而使资金的使用效益达到最大化。

基本支出预算是高校为保障其机构正常运转、完成日常工作任务而编制的年度基本支出计划，包括人员经费、公用经费两部分。基本经费预算的编制是根据定员定额的标准进行确认的，在编制预算的过程中，在职人员的人数要按照机构编制主管部门批准的编制人员进行计算，而离职退休人员人数要按照行政事业单位需要人数进行计算。根据国家有关政策规定，高校分配政策、分配标准和编制人数等都要据实编制。同时在核定人员经费时，其定额主要是指人均工资正常晋级和晋档工龄工资、各种津贴等。

公用经费支出的定额分为两种，包括教育教学、科研公用支出、行政公用支出。其中，教育教学和科研支出的定额标准是根据各个单位所承担的工作量进行计算的，即通过各类专业人数、专业性质的不同来进行教学业务费的分配。行政公用经费的支出要从多方面进行考虑，因为行政经费包含面较广，其中招待费、水电费、差旅费、办公费、维修费等都应纳入考虑范围，再结合以前日常中公用经费的支出和未来工作发展的重点，并与其他同类高校作为参考，从而设定公用经费的支出。

科研经费预算的编制需要由科研项目负责人根据课题研究的任务拟出方案，方案要经过全面的评估以及审核才能最终确定。在整个过程中，要将相关性、合法性及经济合理性原则贯彻始终。当经费预算确立以后，再提交科研管理部门和财务部门，将此项经费预算做一个全方位的分析、分解、论证和测算。按科研经费管理办法和财务管理要求的规定，每项经费的支出都必须要符合必要性和合理性的原则。再将预算支出科目逐项细化编制，过程中需要财务人员和项目负责人共同配合完成。要求对各支出科目所产生的数据进行详细的计算，并列出计算过程。对一些常常容易出现混淆的科目，财务人员有必要提醒项目负责人，对这一系列科目引起相对的重视。这样才能使科研经费预算的编制更全面、更精细，同时实现可操作性和执行性标准。

2. 预算执行：按照相关标准，加强对经费额度的控制

在预算执行精细化管理的过程中，要严格按照制订的计划内容来进行，促使预算的控制得到加强。所有项目的开支要严格按照预算额度实施，所有的预算不能随意变更。如果有特殊情况需要变更预算，那么要通过部门之间的相互配合以及共同审核，一定要保证预算的精准性，以免对后续工作造成不好的影响。

要保证预算的刚性和有效性，明确区分各岗位的相关工作职责，严格控制审核过程和拨款等。对于预算总额的控制，要根据不同的内容进行限制性划分，这样才能够整体提升管理水平，达到最佳的效果。高校还需要在后续工作中做好财务信息平台的建设，将当前的管理模式进行优化处理，以更好地为高校各项工作的发展打好基础。

在信息平台建立的同时，信息传递速度也要随之加快，这样才能够通过对预算执行情况的了解，及时通报数据的统计工作。只有及时地掌握预算的执行进度，才能在问题发生时给出及时且合理的解决方案。

预算管理要想实现精细化，就要在后续工作中对支出额度进行合理、有效的控制，并做出科学的调整，这样才能更好地优化当前的管理模式，进而满足精细化的管理要求。比如当某一个项目在进行中出现支出额度超标问题时，就要马上发出预警信息，然后禁止操作，并按照审核的要求和标准对其出现的问题进行全面分析，从中找出问题的原因所在，并给出具有建设性的解决方案。

3. 预算考评：建立机制，提高预算精细化管理效率

实现高校预算管理，需要引入激励约束机制，用来达到管理目的的有效实现。如果想让预算管理发挥应有的作用，就应该先建立一套完整的预算考核制度与评价体系，把管理绩效纳入工作考核中，并将绩效考核的结果和其工作任务业绩以及经历及效益挂钩，由考核结果的好坏决定其奖罚政策的实施。这种方法可以有效调动高校各部门以及职工的工作积极性，也有助于维护预算的严肃性。

在预算执行过程中，要对预算的目标进行分解，然后将该目标的完成情况和执行情况相结合，制订一系列的考核指标。要注重从执行的效益性和真实性的角度来进行考核，对成绩不好的单位，要追究其责任，或者减少其下一年度的预算份额，对考核成绩优秀的单位应给予一定的奖励。

预算在执行过程中，总会产生一些突发的状况。比如，在每次预算结束时，工作单位如果已经完成交代相关任务，但经费指标并未用完，那么这种情况一律视为节约。而工作任务未完成，经费指标也未用完的，则一律视为结余。如果该单位在整年的工作中节约表现突出，那么就应在年底根据考核结果将所节约的金额作为奖励分发给该单位。如果一年工作的完成结果是结余，那么就结余款项回收或者安排在下一年预算，这时要按预算数与预算结余的差额下达预算。如果有些单位在年底突击花钱，当这种现象产生时，就要在下一年度对该单位的预算进行适当的缩减，以防止这种现象再次发生。这种奖励制度的实施，可以有效地鼓励节约行为，压制浪费行为。避免重复

建设和浪费现象的发生，确保最终实现高校的战略目标。

为了避免重复建设和浪费现象的发生，应深化校院两级管理体制并对其进行改革，在预算细化管理方面做到有效推进，明确其各自的预算执行责任，同时建立起目标管理责任制和绩效考核机制。将考核的结果与二级学院的经济利益挂钩，使全校内部成为一个共同体，这样可以更好地调动员工和各部门的积极性。

五、高校预算精细化管理应采取改革措施

在我国财政体制改革逐步深入以及新的高校会计制度付诸实施的形势下，高校的预算管理水平提高到新的层次，才能满足新制度核算的具体要求。在高校中预算精细化管理的改革应采取以下措施。

1. 改善预算管理的顶层设计

高校的预算改革受政府预算改革体制的影响、约束，所以它不可能做到独立发展。在政府预算管理体制的改革上，如果可以同时照顾到高校新的会计制度，那么就会让高校财务预算的精细化管理得到更好地推行。

2. 改革高校内部预算管理体制

如果要想更好地推行预算精细化管理，首先需要得到领导层的重视，领导层了解到财务预算精细化管理的重要性，才能使其得到更好的实施。因此，在财务预算精细化管理的过程中，需要设立预算管理委员会，由该机构来负责高校内部的预算编制、调整、执行以及预算绩效评估工作。在预算管理委员会审定预算的基础上，还要设立预算员来配合高校的预算管理。只有全校共同行动起来，相互积极配合，才能使预算精细化管理得到更好地推行。

3. 充分实现信息共享

预算管理精细化的实现，离不开信息化的支持，只有高效率地获取基础数据并将其进行综合分析，才能为部门预算做出详细的方案。在现阶段，高

校财务软件必须与国库支付系统进行连接，这是提高预算精细化控制的重要途径。只有做到有效的连接，才能将执行力度最大化。

4. 提升财务人员的管理能力

高校财务工作人员目前技能比较单一，知识水平和思维能力有限，缺乏预算管理实操经验。面对这种情况，高校要对财务预算人员进行继续教育，并鼓励他们主动参与预算管理，在精细化预算控制方面多做研究。如果研究成果可以进行应用，就要对其进行奖励，用这种方法来提高预算人员的素质以及能力。

5. 积极探索先进的预算方法

精细化预算管理的方法有很多种，如果想要找到最适合高校的预算方法，那么就需要通过各种实践来检验和确定。过去的主观估算法是先把衡量大学办学效益的事项逐步进行分解，并赋予相应的分数值，然后以此分数值来决定预算拨款的数量。现在这种方法已经被积分制的预算法、零基预算法和三年平衡预算法等所取代。事实说明，只有积极探索先进的预算方法，才能适应当前的精细化预算管理的需要。

总之，高校财务预算精细化管理离不开上级财政部门以及教育主管部门的大力支持，也离不开高校领导的重视。只有上下齐心，才能将高校财务预算管细管好。

第二节　构建基于全面预算管理的高校财务分析体系

一般来说，全面预算通常在预算年度开始前三个月开始进行，而财务分析则是预算年度结束后才开始，这样导致即使通过对上一年度的各项财务数据进行分析找出了管理中存在的问题和不足，但是预算已经通过审批并执行，财务分析得出的结论对下一年度的财务活动很难起到矫正的作用。鉴于这种情况，有必要建立基于预算管理模式下的财务分析体系，这样才能够真正发挥财务分析的决策作用。

构建全面预算管理模式下的财务分析体系，包含了本节将要讨论的如下议题：全面预算管理在高校财务管理中的作用；全面预算管理在高校财务管理中的运用；基于全面预算管理的高校财务分析体系；加强全面预算管理，提高财务管理水平。

一、全面预算管理在高校财务管理中的作用

全面预算管理是一种通过系统化、人本化和战略化的基本理念形成一体的现代管理模式，以使得高校的业务、资金和信息都得到有效整合，资源得到合理配置，有利于达到高校的战略目标，对高校的财务管理工作有着重要作用。全面预算管理在高校财务管理中的作用具体体现在以下几个方面。

1. 有助于降低高校财务风险

高效资源的合理配置和最优利用，是提高资金使用率的重要前提。高校通过全面预算，将本年度工作和下一年度预计收支情况进行预测，并分析在这其中可能发生的风险，然后进行有效的防范，有助于最大限度化解或规避风险。与此同时，利用财务预算管理，将全部资源进行整合，使全校上下共同配合，相互协调，有助于保证资金的使用更具有计划性。

2. 有助于高校短期目标和长期目标相结合，实现长远发展

高效全面预算可以分为长期预算和短期预算两种，这两者都是预算控制的主要内容。高校在发展过程中，要将短期目标和长期发展战略结合起来，将长期目标分解到各个下属院系、部门、单位，有助于这些部门根据自己的实际情况转化为具体的短期目标，并在保证短期目标和长期发展战略目标一致的情况下有效实施。

3.有助于绩效考核

作为基础科学的预算目标值，预算是绩效考核指标的标杆，它可以让各个院系之间相互做比较，同时预算管理也在为绩效考核提供参考值。这两个方面形成合力，将便于开展以目标为指引、以预算为主线、以部门为基础、以项目为单元、以绩效为核心的绩效预算管理工作。

二、全面预算管理在高校财务管理中的运用

全面预算管理是近年来被各高校充分运用的一种财务管理模式，其优势主要表现在对高校资金的使用有了一个基本的框架，在此框架下考虑高校管理目标，运用科学的方法对预算年度内全部收支做出合理的规划，对高校的经济资源进行有效的配置和运用。在高校财务管理实践中实施全面预算管理，要从以下几个方面着手。

1.健全预算执行流程，优化预算编制工作

第一，从意识、程序上实施管理。

高校实施全面预算管理，首先要从意识和程序两个方面进行管理，加强财务预算控制，提高教师和财务人员的预算管理观念，充分发挥预算管理的优势，实现预算管理的目标。因此，高校可以从以下四个方面加强教师预算管理思想：首先，对教师预算管理思想进行统一培训，努力使全面预算管理思想渗透到教师的日常工作中；其次，为教师和财务人员提供实用的预算管理书籍，使他们意识到预算控制和管理的重要性，提高他们的文化素养；再次，根据内部预算管理的现状，制定有针对性的方案，比如增设预算管理部门、实施财务预算控制和考核制度、解决员工工作不及时的问题、建立全面预算管理体系等；最后，组织人员进行预算管理，进一步完善内部支出责任制，确保资金使用，认真落实各项规章制度。

第二，完善预算流程。

完善预算流程是建立全面预测系统的先决条件，负责制定初步目标，制定预算目标分解方案，编制部门预算，提出综合平衡方案。在领导预算管理机制方面，要建立预算事项，组织预算会议，共同讨论和调整差异较大的内容，切实增强预算的约束力，简化预算执行步骤，使全面预算管理意识深入人心。同时，为了有效降低财务风险，有必要调整预算编制流程，在预算执行过程中发挥主动性。全面预算工作要与历年预算使用相结合，明确经济责任制，合理分配资金。

第三，优化预算编制工作。

为了更好地运用全面预算管理制度，有必要建立完善的全面预算管理编制程序，进一步优化预算编制。通过编制财务预算，可以协调和改善各部门之间的工作关系。全面预算管理的实施可以充分了解本部门的预算编制情况，加强预算分析，避免超支。在日常工作中，结合部门预算的执行情况，分析成本效益，及时了解预算安排，及时调整一些不合理的环节，使资金发挥应有的作用。同时，要根据实际情况收集数据，积极与领导沟通，严格审核预算申报理由，确定预算编制方式，跟踪预算执行情况，实现高效预算编制，提高教师工作积极性。

2. 建立预算监督体系，构建全面预算平台

第一，建立预算监督体系。

预算监督制度的实施是全面预算管理实施的重要基础条件。为了促进高校教师更好更快地实现预算目标，有必要开展定期、不定期的监督检查。预算监督的范围要根据实际情况进行调整。在整个监督过程中，主管可以对日常工作和预算执行报告的编制进行比较分析，从而对预算管理做出最有效的调整，这也是促进高校发展和建设的重要条件。高校监督管理机制包括对预算编制和执行过程的监督管理。高校普遍通过内部和外部监督管理来提高全面预算管理的质量。

高校建设预算管理机构需要从全局出发，考虑高校的建设、教学发展和

财务水平，建立预算监督小组，充分发挥全面预算的管理作用；有效协调教学科研经费发展，实行财务预算全过程动态管理。

高校在财务预算执行监督管理过程中应注意以下几个方面：首先，收集员工的执行意见，要求财务人员写出预算管理经验和执行意见；其次，引入财务预算执行指标，对预算执行情况进行评估，对未落实工作内容的部门进行处罚和有效调整；再次，在预算管理和监督方面，要使预算工作有章可循，切实提高财政工作的执行力；最后，关注和解决监督管理部门和员工的预算水平和预算执行行为，全面分析预算执行之间的差距。

第二，构建全面预算平台。

为了不断变革全面预算管理，必须重构和建设全面预算平台，更好地掌握预算收支和财务信息查询，实现全面预算管理的信息化突破。高校可以引进全面预算软件，建立财务预算信息管理系统，以预测技术水平为首要考虑，促进员工报销资金与财务预算控制的衔接，建立银行与高校之间的预算管理专线，连接专用信息系统，实现财务管理数据的信息化。

3.强化全面预算考核，提升预算编制科学性

第一，绩效管理。

高校绩效管理应与人力资源部共同实施，并对预算期间的编制、实施和监督进行管理。将绩效考核结果与薪酬奖惩制度挂钩，完成教师绩效考核。

第二，确定选择标准。

预算管理的有效实施需要全体教师的共同努力。教师应该对预算管理的内容有全面而深刻的了解，这将有助于激发教师的积极性。对于工作结果，预算管理委员会应合理评估员工的绩效。预算委员会的设立可以确保绩效评估的公平性。为了使全面预算工作达到预期目标，高校需要明确全面预算的目标和范围，确定考核依据，对严格执行预算的部门予以表彰，在考核中扣分、对故意隐瞒不报的部门给予警告和批评。

第三，高等教育部门的评估。

对于高校预算管理，上级教育部门要加强对部分预算工作和结果不符合标准的高校的考核，并实施相应的处罚措施。

第四，建立评估机制。

高校应加强全面预算管理考核中的考核机制。通过建立健全内部审计部门，按照全面预算目标，对相关部门的资金收支和各部门的工作进行审计。

4. 改革全面预算编制，制订预算评估制度

第一，调整目标，完善制度。

完善高校预算管理体系，需要分析预算管理目标是否与长远战略相匹配，在细化长期战略的前提下制定预算目标，然后考虑办学特色、社会环境等因素。

第二，做好预算申报工作。

高校考核部门的预算管理是对预算收支进行集中管理，将部门预算与校级预算相结合，编制预算草案，并向预算委员会报告。

第三，加强全面预算工作。

为了加强全面预算编制，提高预算编制质量，编制人可以收集部门预算计划，并结合收支数据制定具体实施方案。这将有助于提高预算编制的整体质量。

第四，提高预算编制质量。

预算编制的质量取决于项目库的完善。因此，有必要提前规划项目的工作内容，及时调整人员变动。特殊项目的规范编制可以保证项目预算的有效实施。

第五，完善全面预算方法。

"零基预算法"可用于改进全面预算编制方法，即从头开始重新编制年度预算，并根据正常资金和专项资金的支出预算确定预算编制方法的实施，以解决高校的不平等，促进规范管理。

第六，注重金融人才的培养。

为有效推进全面预算改革，应高度重视预算人员的财务培训，大力加强预算技术难点培训，更好地引导财务人员根据发展需要提高业务水平。要大力普及财务知识，积极组织职工培训，使职工尽快熟悉会计内容、商业知识，也可以通过定期轮岗学习。

第七，优化财务预算评价体系。

在高校开展全面预算管理，还可以优化财务预算评估体系，深化工作内容，确定合理的评估指标，从而深化评估工作，提高评估预算的执行质量。高校管理者需要与时俱进，根据高校发展情况，评估预算执行效果，最大限度地减少预算结果与财务实际的偏差，从而优化高校财务预算评估体系，有效地指导财务预算工作的有效开展。

第八，合理配置资源。

在全面预算管理过程中，可以使用量化工具来实施预算，通过有效的资源配置来实现资源效益的最大化。例如，所有学术项目资金和财务拨款都包含在财务预算管理的拨款中，通过复杂的资金分配可以获得更有效的收益。高效资产的有效整合将使高校明确财务预算管理的发展方向，也将有利于财务管理的统筹安排，从而促进教育教学的发展。

总的来说，资金利用率的提升可以降低财务风险，而全面预算管理的开展，则需要将全部资金进行统筹规划，将其进行预算管理的监督考核以及评估完善预算编制。高校在进行全面预算管理时，要从实际状况出发，增强财务管理人员的业务水平，将资金的流动进行详细记录，以避免信息意外遗失情况的发生。资产配置只有得到优化，才能为高校创造良好的经济效益和社会效益。

三、高校在开展财务分析过程中存在的不足

目前大多数高校的财务管理思维仍停留在计划经济时代，办学经费是由各级财政部门拨款，院校只管用钱而已，再加上各高校目前生源充分，以至

于高校各级管理人员可能从未考虑过高校还存在盈利或亏损的问题，更谈不上进行财务管理、注重财务分析了。

具体来说，高校在开展财务分析过程中存在如下几点不足。

1. 财务分析工作没有充分展开

每年年底，高校都要进行工作总结，当然包括财务工作总结，但大部分财务工作总结都停留在基本报告层面。例如，一年的总收入是多少，包括预算收入和学费收入，发生了哪些费用，具体金额是多少，是否有大型基础设施等。它就像一个"流水账"，很少对大学的具体财务状况做出客观和充分的评估。高级管理人员根本不了解学校的融资能力和偿债能力，对学校未来面临的财务环境缺乏了解，导致决策不合理。例如，一些高校正在大力推进固定资产建设，但不清楚学校的发展趋势是什么？现有固定资产是否有效运行？空置率是多少？高校的规模在逐年扩大，但高校的效率却在逐年下降。

2. 过于单一的财务分析方法

高校财务分析常用的方法是比较分析法，主要是利用现有数据与单位的历史数据和预算数据进行比较，更不用说静态数据了。它无法与同行业其他大学的财务数据进行比较，因此无法了解其在同行业中的水平。事实上，企业和大学的外部经济环境是动态的，甚至可以用"快速变化"一词来描述。面对这种情况，如果财务分析方法过于单一，就无法为高校财务决策提供实时、动态的分析依据，往往导致分析结果与实际情况存在较大差异。基于此做出的决定将不可避免地导致错误，甚至决定本身都是错误的。

3. 对财务分析没有客观地做出结论

要进行财务分析，必须计算相关的财务指标，通过指标本身的特点和常规值来判断具体的分析项目，最后得出分析结论。然而，不同大学的环境非常不同，不同地区的类似大学也非常不同。如果在财务分析中使用同一把尺子来衡量所有经济实体的财务状况，则结论必然是主观的，缺乏必要的客观性。例如，财务分析中经常使用的"资产负债率"指标实际上是长期偿债能力的指标。总负债占总资产的比例较低，表明长期偿债能力较强；相反，表明长期偿债能力较弱。此外，一些高校在进行财务分析时，往往只注重数据的计算结果，而忽视了资产负债的深层次质量等关键问题，导致分析结果与现实存在很大差异。

4. 财务分析体系有待完善

财务分析不是为了分析而分析，而是为了发现问题、发现差距、挖掘潜力和改进管理。一些高校采用预算管理模式，但预算管理与财务分析之间没有联系，实际结果与预算之间的差异没有得到及时纠正和评估。财务部只控制学校各职能部门的年度预算执行情况，不能超过预算执行金额。这样一来，预算管理模式就不能充分调动各方储蓄和创收的积极性。相反，为了完成下一年度的预算或增加下一年度的预算空间，存在年末集中支出、盲目立项等不利现象，失去了预算管理的意义。这种现象表明，传统的财务分析指标体系没有考虑预算管理模式，这使得高校财务管理环境和财务管理方法无法有效匹配，导致财务分析结论与实体经营之间出现偏差。

四、基于全面预算管理的高校财务分析体系

建立基于全面预算管理模式下的动态财务分析体系，需要从以下几方面着手。

1. 引入平衡计分卡并建立价值管理模型

传统的财务分析体系注重事后的核算和评价，不能评估具有前瞻性的活动，高校可以借鉴集团公司的管理经验，引入现行比较先进的平衡计分卡评价系统（简称 BSC 系统）。平衡计分卡是兼顾企业短期目标和长期目标的衡量、财务与非财务的衡量、内部与外部的衡量等各个方面，将影响企业运营的包括企业内部条件和外部环境、表面现象和深层实质、短期成果、长远发展的各种因素划分为"学习和成长""内部经营流程""客户""财务"四个方

面，并针对这四个方面设计出相应的评价指标，以便系统、全面、迅速地反映企业的整体运行状况，为企业的平衡管理和战略实现服务。高校可以在此基础上根据自身的特点加以合理改进，建立融财务指标与非财务指标于一体的价值管理模型，为高校高效运行、平衡发展服务。

高校建立平衡计分卡评价模型，首先需要明确自己的战略发展目标以及实现目标的关键因素，然后围绕这些关键因素与战略目标设置不同的权重，以衡量各部门业绩，根据业绩大小做出评价，奖励先进，促进落后。该模型既保留了传统的衡量过去业绩的财务指标，同时加入了影响未来业绩实现的非财务指标，支持高校不断创造社会效应、经济效应，并可兼顾自身的发展，实现高校价值的增长。

平衡计分卡中的"学习和成长"，企业将其确立为自身要创造长期的成长和改善就必须建立的基础框架，确立了未来成功的关键因素。其目标可以调整为高校可以为社会提供怎样的人才（企业称之为"产品和价值"）。高校将为社会输送怎样的人才，取决于高校自身的师资力量。只有不断提高高校教师的专业水平和业务素质，才能使高校符合可持续发展的要求，为社会输送合格的、优秀的人才，才能创造更多的社会效益和经济效益。

平衡计分卡中的"内部经营流程"，其着眼于企业核心竞争力，回答的问题是企业的优势是什么。该目标放在高校中同样适用。不同高校其专业优势不同，因此高校需要了解本校的核心竞争力体现在哪里，围绕代表着"核心竞争力"的核心专业、优势专业，为社会创造更多的价值。当然，高校不能仅仅局限于人才的输出，高校的输出还可以包括技术、产品、服务等若干产业的延伸。内部运作是高校改善绩效的重点，高校可根据自身特点将内部运作转化为具体的测评指标。

平衡计分卡中的"客户"，企业中指的是客户满意度、客户保持率、客户获得率、客户盈利率，以及在目标市场中所占的份额。高校可以根据自身特点将"客户"调整为"社会和学生"，也就是说，社会和学生的满意度是高校发展的原动力，应该成为高校的重点关注目标。同时该纬度体现了高校外部与内部、本部门与其他部门之间的反映，是该体系的平衡点。

平衡计分卡中的"财务"，是整个平衡计分卡评价体系的出发点和归宿。上述管理中各个方面的调整、努力最终仍需要利用财务指标来衡量。通过财务指标表明高校的努力产生了效应及效应的大小，同时也可以利用财务指标进行信息的反馈，对其他几个方面再做出适时调整。

2. 编制预算时纳入基本财务分析

高校在编制预算的过程中可以选择多种预算方法，但首要的是将财务分析纳入考虑范围之内。高校预定经费来源是各级财政按照学生人数定额下拨的，这部分经费由于每年幅度变动不会太大，所以它是高校预算管理中的重点。

比较常用的高校预算编制方法是定期预算、固定预算以及增量预算。定期预算是指以一年为定期的预算；固定预算是对业务量的变动不做考虑；增量预算则是对上期预算的数据进行分析，并以此为基础做调整。这些方法默认以往的费用是存在并且合理的，但是都具有一定的局限性，所以在方法的选用上可以选择"滚动预算"的管理方法。这种方法按如下步骤进行：首先，对以往费用的数据进行结构分析，并在此基础上做出相应的财务分析结论；然后，结合实际情况，比如考虑各种变化因素等，做出相应的调整；接着，计算出下学期的预算使用。用此方法编制年度财务预算，业务相对较少的高校也可以将滚动期限调整为一个季度，该办法能够有效杜绝一些不良现象的产生，使高校的预算管理发挥出真正的作用。

3. 充分开展财务评价，完善评价体系

财务管理实践是促进财务管理理论不断更新的必然条件，现实中有的高校常常忽视管理对象，导致年底财务分析的结果与人员考核毫无联系，失去了必要的针对性，因而不能落实奖罚制度，之前的所有努力都付之一炬。在高校预算执行时，经常会出现为了花钱而花钱的现象，这种现象发生的根本原因，就是高校的预算执行缺乏弹性，评价功能不完善，以至于员工在执行预算时的积极性不高。所以，高校在开展财务分析的同时，也不能忽视最终评价体系的建立与完善，否则将使高校财务管理无法体现其应有的价值。

现代高校要想提高经济效益，就要不断地完善和深入开展财务分析工作，努力提高经营管理水平，为此要在实践中不断思考，不断改进、创新。随着高校管理的市场化进程不断深入，现代高校如何建立科学、客观的财务分析、评价体系显得尤为重要。因此，要重视高校的经济效益，最大限度地节约成本费用，不断提升高校筹资能力，优化投资决策水平，了解资产运营的效率。这些措施的实施，都会为高校的经济发展打下坚实的基础。高校在学习现代大型企业的财务分析模型时，只能进行借鉴，不能拿来主义。因为企业的财务分析模型虽然比较先进，但在管理理念、管理模式和管理内容上，企业与高校毕竟是有一定差异的，所以需要在实践中不断思考，不断改进、创新。

除此之外，绩效考评过程还应注意以下几点：其一，进行综合考评的部门不是财务部门，而是由院校党政联席会直接领导预算管理委员会；其二，不通过职能部门对预算进行二次分配，让每个学院都了解预算分配的原则和标准，可以更好地保证预算分配的公开、透明，激发学院参与全面预算管理的积极性；其三，绩效考评的结果必须与下一年度的预算挂钩，学院应分析绩效考评的结果，并层层分解落实到最终的责任人，为以后年度的预算分配提供依据，这样才能真正实现全面预算管理的作用。

第三节　绩效管理视角下的高校财务预算管理策略

绩效管理作为一种管理模式，在引导高校的教育改革过程中具有提高资金效益、发挥宏观调控等方面的重要作用。财务预算是高校财务管理的重要环节，本节从实际出发，就高校在绩效管理视角下如何加强高校财务预算管理、科学合理地编制财务预算、优化资金支出结构、加强预算执行的控制和监督、建立和完善高校预算绩效考核体系、加强财务预算绩效反馈等方面做了研究。

一、高校需要全面预算绩效管理

目前，在信息科技的助力下，政府会计改革成果对预算绩效管理已经形成有力的支撑。随着我国市场经济的逐渐完善，高校的财务管理也发生巨大的变化。要进一步提升高校预算管理水平，全面开展预算绩效管理工作尤为关键。为此，本节立足于高校预算管理工作实践，对当前高校预算绩效管理中存在的主要困难进行了深入分析，并对高校实施全面预算绩效管理的路径进行了探讨，以期对高校提高预算绩效管理水平有所裨益。

1. 高校实施全面预算绩效管理存在的问题

随着国家预算管理改革的不断深化，近年来国内高校的预算管理水平有所提升，预算绩效管理取得了一定进展，但预算绩效管理总体上水平仍然不高，实施全面预算绩效管理面临诸多问题。

第一，预算绩效管理意识相对薄弱。

高校作为非营利组织，长期以来形成了重分配、轻管理、重支出、轻绩效的理念。特别是高校管理层在资金使用效率、资金支出责任等方面没有牢固树立绩效管理理念，没有将绩效管理的理念和方法有机地融入预算管理的预算编制、执行和监督过程中。预算管理和绩效管理之间脱节的情况比较常见。在预算编制过程中，对预算绩效目标的管理不够重视，绩效目标不明确，有些甚至没有绩效目标，更不用说同时批准和发布绩效目标和预算了。在预算执行过程中，主要关注的是预算执行进度和支出的合规性。缺乏对绩效目标实现情况的有效监控，更不用说绩效运行的动态监控了。在预算评估过程中，没有完善的预算执行评估机制，导致预算执行主体缺乏责任心和绩效意识。

第二，高校财务预算编制不合理。

"基础＋增长"是高校财务预算的基本方法，这种方法虽然在实际操作中简单方便，但存在很大的缺陷和隐患，使高校财务预算失去了公平、公正、透明、规范的原则。高校在编制预算时，以去年的支出为编制依据。这种方法的长期使用将导致高校不合理支出的随机增加，导致预算指标与本年度实际支出存在较大差距。随着时间的推移，这种差距将越来越大，导致资金使用效率低下。

第三，高校财务预算内容过于笼统。

部门预算要求高校进行综合收支，但当前高校发展呈现多元化趋势。其下属部门和企业产生的收入和相关费用通常不包括在高校全面财务预算体系中，成为预算外资金体系。对体外循环资金缺乏监督管理，将严重破坏高校正常的经济秩序，不利于高校财务管理。预算内容的不完整性导致了高校会计信息的严重失真。

第四，高校财政预算支出控制薄弱。

会计实践证明，财务会计总能找到避免和控制支出的方法，这使得财务控制者有增加预算的动机，而不是在各个项目之间合理分配资源。国家与高校之间的信息壁垒会加剧高校财务管理者改善财务预算的动机，最终导致高校从国家获得的资源浪费在低效项目上。由于预算的控制力和约束力较弱，许多高校的实际年度支出将远远超过年初的预算，高校的财力将无法承受这一超额支出。

第五，预算管理信息化水平落后。

随着大数据、云计算等智能技术的快速发展，高校整体信息化水平显著提高。然而，通过研究发现，高校预算管理信息化水平普遍较低，不能满足实施全面预算绩效管理的要求。大多数高校院系都建立了各种信息系统，但由于缺乏高校层面的顶层设计，院系之间的信息系统相互独立，无法实现资源共享、数据交换和信息对接，阻碍了高校信息化建设。而且，对于大规模的数据收集、整理和深入分析，很难有效满足预算绩效管理的要求。高校缺乏包括预算申报、编制、审批、发布、执行、监控、评估等关键环节的全链预算管理信息系统，一些高校甚至停留在半手工管理阶段，预算管理效率低下。此外，现有的预算管理系统侧重于传统的预算管理功能，没有考虑绩效管理的功能要求，比如绩效目标设定、绩效运行监控、绩效评价和结果反馈，这很难满足预算管理与绩效管理一体化的管理需要。

2. 鉴于上述存在的问题，高校需要实施全面预算绩效管理

在提高资金使用效率的过程中，需要对资源配置进行优化，将绩效管理和预算管理进行有机融合，并在现代信息技术的大力支持下，建立起一种目标明确、监督有效、评价科学、责任到位的全面预算绩效管理模式，这样才可以有效解决高校预算管理中存在的实际难题。

第一，牢固树立以结果为导向的预算绩效观。

行动由思想支配，结果由行动引起。因此，只有改变传统的预算管理观念，才能有效实施全面预算绩效管理。其一，高校的领导和管理必须以资本支出为导向，注重资本支出的责任和效率，并将这套绩效管理理念落实到各项工作中。这是高校全面预算管理的前提和未来方向。其二，高校预算和绩效监控的理念应有序地融入高校财务管理的全过程。树立责任观念，强化责任主体。其三，高校要实现预算执行的透明度，加强预算管理的政治宣传，通过海报、网络、新媒体等渠道披露预算执行信息，确保全体师生有权参与、监督，吸收专家、学者和员工代表参与预算绩效评估，为全面预算绩效的实施营造良好的文化氛围。

第二，全面建立责任明确的预算绩效管理模式。

高校预算绩效管理体系的建立应明确管理责任关系，使绩效管理理念更好地贯彻到整个工作中。预算管理层主要由高校党委、预算绩效委员会和预算绩效管理办公室组成，采用统一管理模式。最高决策机构是高校党委，主

要负责高校预算管理规章制度和预算草案的审批决定。预算绩效管理委员会是高校预算管理的议事决策机构。预算绩效管理办公室主要由预算管理人员和专家代表组成，负责审核预算执行的管理计划和年度计划以及重大经济事项的预算调整，监督、监测和管理执行情况，并对计划和结果进行审计和评估。预算绩效管理办公室可与财务部合并，负责预算绩效体系的建立和完善，绩效目标的确定、监督、实施、组织和考核。高等学校主管部门应当根据制定的预算目标和高等学校下达的预算资金进行合理安排，提高资金利用率，保证预算绩效改革目标的顺利实现。

第三，加强顶层设计。

高校在建立预算绩效管理闭环机制的过程中，应根据全面预算管理和实施的要求，加强顶层设计，建立层次明确、内容完善、目标明确、权责平等、约束有力的管理体系，形成预评价、过程管理、运行监控和后评价结果相结合的闭环管理机制，提高预算绩效管理的科学性、权威性和规范性。

其一，建立重大经济和重大项目事前评估体系，结合预算编制和项目评审，为重大经济和重大项目提供可行、必要、经济的方案，论证绩效目标的可行性。提高管理决策的科学性，将预算安排作为重要依据。

其二，加强绩效目标管理。绩效目标可分为效益目标和产出目标，应该具体、明确、可衡量。高校要根据发展规划和年度工作计划，科学设置相关部门，制定总体绩效目标和项目绩效目标的实施方案，加强绩效目标的审核，批准下达绩效目标和预算，可作为设定绩效考核指标和开展绩效考核的前提和依据。

其三，建立绩效过程监督机制。绩效管理要求可以整合到预算编制、监控、执行、评估等环节，真正监控绩效目标的使用和预算执行的全过程。如果发现错误，应及时纠正，以确保在确定的时间内实现绩效目标。

其四，提高绩效评估质量，加强重大项目预算评估，全面推进院系预算绩效评估。制定更加规范的考核标准，建立完善的绩效考核指标标准体系，努力改进和创新考核方法，运用大数据分析技术，更好地提高绩效考核的科学性。

其五，建立健全预算绩效管理约束机制，将绩效考核结果与资金安排、部门目标考核、干部选拔等重要环节挂钩，切实增强绩效结果的方向性。同时，为了确保预算绩效管理责任的落实，应加强预算执行主体的责任。

第四，建立基于大数据的绩效管理体系。

为了提高资金使用效率，我们应该按照预算绩效管理的要求，改进数据的计量、识别、诊断和分析，并将结果反馈给财务管理委员会。为了提高预算绩效管理的科学性和有效性，我们应该借助大数据技术构建智能信息平台。

其一，预算绩效管理基于绩效数据。为了实现学校业务系统的互操作和共享，必须建立跨部门、跨业务的数据共享中心，打破各种"信息孤岛"，实现互操作和共享。同时，建立预算绩效管理数据库，实现绩效数据的自动采集、识别和分析，提高绩效数据源的可靠性。

其二，为了实现预算与绩效目标的同步，应建立一套预算与绩效管理信息系统，实现一体化管理。预算和绩效都可以纳入系统，以便更好地实时监控、反馈和纠正预算执行和绩效，从而提高管理的及时性。同时，要深入挖掘和综合利用数据和数据分析能力，收集绩效数据，进行统计、分类和计量，并将其纳入这套管理体系，以便进行分析比较，发现错误，分析原因，确保绩效的科学合理性。我们还可以使用更直观的图形和表格来分析绩效评估，作为高校管理决策的重要依据，从而加强绩效评估结果的应用。

其三，通过广泛深入的分析，了解高校师生对预算绩效管理的偏好和建议。还可以通过互联网等渠道披露预算执行、绩效运行和绩效评估信息，提高预算绩效管理的透明度，更好地接受师生的广泛监督，让全体师生充分感受到参与的重要性。

二、高校全面预算绩效管理体系

高校全面预算绩效管理本质上是一种现代高校财务管理模式。它是一种以绩效目标为导向的资本资源配置方式，融合了战略、系统化、信息化和人文主义的理念，具有协同性强、资源优化配置、成本控制等特点。推进全面预算绩效管理，就是要将绩效理念深化到预算编制、执行和考核管理的全过程，形成绩效编制管理、绩效执行监控管理、绩效考核和结果反馈的综合体系。

1.预算执行前期的预算绩效编制准备工作

高校财务预算绩效管理应注重预算的前期编制，从源头上做好财务预算工作。

第一，正确编制部门预算，合理安排各项财务计划。

部门预算是市场经济国家财务管理的基本形式。预算得到支持并以部门为基础。预算管理部负责编制本校所属院校的各项资金收支，并将预算方案报送本校财务部预算管理办公室。该计划一经审核，应提交预算管理委员会。最后，在此基础上总结并编制全校总预算。

第二，加强激励，实行合理的预算奖惩。

为了更好地激励大家，我们应该实施合理的预算奖惩政策。高校实施的各部门责任预算是根据经济活动的主体反映出来的，也决定了各责任单位的目标。高校还应实施有针对性的配套措施，更好地完成预算任务，激发员工积极性，实现各部门自主管理的愿望。这种支持和激励措施不仅要考虑精神激励，还要考虑物质激励；不仅要有短期激励，还要有长期激励目标。

2.中期预算执行和绩效控制

根据各部门的中期预算执行范围，勾勒出各部门的预算执行范围。建立财务预算绩效管理信息库，合理划分和收集各业务的原始数据和会计数据，确保其完整性和系统性，及时反馈财务预算绩效管理系统信息。

除上述配套工作外，在实践中还应把握两点。

第一，资金分散。

财政以高校管理为中心，教育经费的很大一部分需要委托给高校。高校资金结算中心可以解决这个问题。通过分散资金，我们可以更好地调整和利用高校之间的关系。

第二，通过审计加强财务预算管理的实施监控，可以从人事资金和公共资金两个方面进行。

人事资金审计应考虑是否充分安排，是否强化了意识。公共资金在高校正常审计中的合理比例是公共资金的基本保障。因此，审查重点专业和新建专业的建设成本是否满足开发建设的需要，还要注意对基本建设资金、实验室资金、基础设施改造资金、房屋修缮资金、大宗设备购置、图书材料购置等的审计。国有资产管理中的采购与支付、工程招投标、实物资产归集也是审计的重点。财务部确定、掌握和控制资金拨付的频率、规模和速度，严格执行审计优先原则，加强项目监督验收制度，实行规范化管理，提高资金使用效率。

3. 后期进行预算绩效评估

在后期，绩效管理必须及时、准确地将绩效考核结果反馈给所有预算支出机构和教学人员，使他们了解绩效考核结果与日常工作的关系，通过绩效反馈不断提高工作质量或教学水平，在绩效反馈中不断提高自己、升华自己的技能。

第一，建立预算绩效评价指标体系。

在高校预算编制过程中，绩效考核是一个不可或缺的重要环节，但往往被忽视。科学的预算绩效指标体系是实现绩效目标的必要条件。大学战略规划的目标分为长期目标和短期目标。绩效目标的生成是通过对宏观目标的分解和细化而形成的。预算是实现绩效目标的主要资源分配工具。它们之间的关系是通过建立绩效指标形成的。绩效目标的实现率由预算通过绩效指标的计算确定,预算方案的实施结果由绩效目标通过绩效指标的计算完成。

第二,遵循高校预算绩效指标的制定原则。

高校在设计绩效指标时,依据的是企业预算绩效指标的制定原则,但应遵循以下原则。

其一,科学性原则。高校绩效指标有很多种,一般分为财务指标和非财务指标,包括资产绩效、学校生产绩效、教学绩效、科研绩效、声誉绩效等。在指标体系中选择这些指标时,不能省略或重复。

其二,诚信原则。高校绩效指标体系是高校整体绩效的真实反映,它显示为一个索引组。因此,在这个指标组中,每个指标的内容不仅要相互关注,还要相互关联。

其三,可行性原则。在数据的使用上,大学绩效指标体系应简化且易于计算。这些信息和数据可以从现有的财务信息和会计数据中获得。其四,可比性原则。高校绩效指标的设置应尽可能在统一的核算范围内,这样更有利于进行纵向和横向的比较。(关于"遵循高校预算绩效指标的制定原则",可参阅本书第七章第二节中的"高校财务绩效评价体系的原则"。)

第三,高校预算绩效指标的设计。

按照上述四项原则,这里选取了一些具有代表性的指标。我国高校绩效指标体系可以使用平衡计分卡评价体系和关键绩效指标体系相结合的方法,并借鉴《英国高校管理统计和绩效指标体系》的做法。先是将我国高校的战略目标划分为教学绩效、科研绩效、自筹能力、资产绩效、校产绩效、声誉绩效六大层次;然后,在这六大层次中选取若干个关键绩效指标,对预算执行结果加以衡量,这样就构成了表达高校预算导向的绩效指标体系。

第四,确定绩效预算考评方法。

绩效考评的方法种类很多,比如标杆管理法、平衡计分卡法、专家意见法和层次分析法等。在这方面,国外常使用的方法是"3E"评价法,即在财务管理新方案中设立 economy(经济)、efficiency(效率)、effectiveness(效益)

三个标准体系，以取代传统的效率标准如财务、会计指标等。还有一种方法叫作沃尔比重分析法，是综合评价方法的一种，常常被运用到工商企业的财务评价中来，但其原理同样适用于高校的财务评价。评价指标的正确选择，指标比重的科学分配，标准比率的合理确定，都是这一评价方法的关键所在。其中，标准比率的确定通常选用行业平均值，也可以用行业先进值为依据。

三、全面预算绩效管理注意事项

高校加强预算绩效管理，应注意以下事项。

第一，在财务准备之前必须进行彻底的调查，以掌握所有基础数据。

调查可以从每个系和系的人员配置和结构开始，以了解学生人数和分类、系和系的设置以及材料消耗。在调查过程中，应核实基础数据的真实性，为完善收支预算编制打下坚实的基础。同时，合理计算所有可能的收入，将所有可控制的财政资源、院系收入、科研收入和不可控制收入纳入预算。

第二，在财政预算执行过程中，应实时监控所有支出过程，重点关注基础设施、实验室、基础设施改革资金和采购管理。

第三，财务预算绩效评价首先要建立完善的评价指标体系，使其科学合理。其结构是由多层次、多因素构成的三维形态。

第四节　高校财务内部结算新模式：无现金结算

无现金结算是一种新兴的财务结算模式，它的产生符合国家的大政方针和财经发展方向。目前大部分高校已具备了实行无现金结算模式的基本条件，但由于每所高校都有其自身的现实状况，因此在实行无现金结算模式的过程中，不能盲目跟风，而应从本所高校的实际出发，以自己的现实状况为切入点和立足点，从而探寻适合自身发展的无现金结算模式。

一、高校实行无现金结算的现实意义

无现金结算是网络会计下的产物。它将原来的现金收付方式变为用银行卡转账方式，主要通过 POS 机刷卡、网络银行结算、公务卡结算方式进行结算。无现金结算模式下，财务人员在办公室即可实现资金的划转和报销。

1. 传统现金结算方法的弊端

在无现金结算被应用到高校之前，高校普遍采取的是传统的现金结算方法，但手持现金进行结算的方式其弊端是显而易见的。

第一，现金结算的效率较低。

随着经济的快速发展，高校的经济活动越来越频繁。除了支付学费，图书馆、食堂和浴室也是学生直接消费的地方。现金结算的步骤非常烦琐，包括排队、付款、汇款、兑换、计数等烦琐环节。高校往往要排很长时间的队来解决大量简单的成本问题。更重要的是，在食堂玩耍或购买餐券时会有拥挤的踩踏声。

第二，现金结算消耗了大量的人力和物力资源。

过去，每当新生入学或年终报销高峰时，高校金融机构都会处理大量现金，有的是七八万元，有的甚至达到二三十万元，每日提现交易量保持高位。如此巨额的现金将不可避免地导致财务部门工作量的增加。光是存储就需要巨大的空间和大量的安全工具。如果不增加人力，高校甚至解决不了这个问题。因此，高校需要招聘大量的财务经理，建立一批金融机构，这需要大量的人力和物力。

第三，现金结算导致腐败。

俗话说"人为财死，鸟为食亡"，获得现金的人员成分越复杂，腐败的可能性就越大。近年来，全国高校腐败案件频发，令人震惊。

第四，现金结算的风险非常高。

大量现金很难保管，也很容易引起犯罪分子的注意。大学盗窃直接指向交学费时的现金。例如，一名学生要向大学缴纳学费，但在缴纳之前被犯罪分子从宿舍偷走。又如，一群罪犯利用新生入学的机会在大学门口设置收费亭。摊位上有一块牌子写着"此处收学费"，新生们一个接一个地取出现金"交学费"，但不小心落入了骗子的陷阱。

2. 高校实行无现金结算的意义

高校实行无现金结算，是高校财务电算化逐步向全面网络化发展的必然趋势，是高校财务管理手段的扩展和延伸。无现金结算对于高校创新财务管理手段、提高工作效率、降低管理成本、规范资金监管等方面都具有十分重要的现实意义。其具体体现在以下几个方面。

第一，提高财务工作效率。

对广大师生而言，高校实行无现金结算模式体现了"以人为本"的办学宗旨。这种方法简单易行。例如，学生只需要让父母将学费存入银行卡，高校就可以快速方便地转账。这不仅避免了学生排队支付学费的烦琐过程，还大大降低了支付学费过程中的风险。另一个例子是大学教师和学生的食物消费和购物，高校普遍实行"校园一卡通"，只要这张卡里有钱，你就可以直接刷卡，不管你买什么都可以。这就避免了交易过程中的点钞、换零钱等烦琐步骤，不仅节省了师生宝贵的时间，也减少了师生携带大量现金的不便。同时，无现金结算实现了现金会计管理的零库存，完全避免了现金周转过程中不可预见的风险，保证了现金的安全，有效地规避了现金结算的风险。

第二，交易记录清晰详细，备查工作方便有序。

通过 POS 机更容易检查和纠正每次付款的错误。对于零星现金收款，当事人只需在 POS 机上输入一系列数字。在当日结算过程中，对 POS 机生成的收款结算数据和会计制备的记账凭证逐一核对是否有误。如有差错，应及时通知当事人到财务部办理整改手续。

第三，突破时空限制，实现结算动态管理。

现金结算业务要求经办人员在规定的时间范围内、在固定地点办理业务，业务处理受到时间和空间的限制，而无现金结算模式的推广正好弥补了这一限制。无现金结算模式突破了时间和空间的限制，实现了结算的动态管理，方便了广大师生，提高了财务部门的服务质量，为高校节约了部分资金。从成本理论的角度来看，无现金结算比传统现金结算节省了更多的财务管理成本和交易成本，可以提高资金周转速度，从而不断提高资金使用效率。

第四，减少和消除腐败。

高校无现金结算自然会减少现金腐败的可能性，因为相关人员无法获得现金，腐败现象在一定程度上已经消除。

3. 无现金结算对高校现行财务核算模式的影响

高校实行无现金结算后，对现行财务核算模式中的报销经办人员、财务制单人员和出纳人员都将产生有益的影响。

第一，对报销经办人员的影响。

高校采取无现金结算模式后，报销经办人员除须履行正常的财务审批手续外，还须准确无误地提供领款人的工号（学号）及姓名等信息，同时确认领款人的银行账号，确认无误并签字后，无须二次排队等候领款便可离开，静候银行的短信业务提醒即可。

第二，对财务制单人员的影响。

财务制单人员除审核原始单据是否合理合法外，还须按照报销经办人员提供的工号及姓名，在编制记账凭证的同时，采集领款人的银行账号，交由经办人员确认签字后，发给其无现金结算业务受理通知单即可。

第三，对出纳人员的影响。

无现金结算模式下，高校的现金日库存几乎为零。出纳人员的主要职责就是每日报销业务终了，对当日财务系统中已确认支付的金额进行认真核对，并通过与网银支付系统的对接进行转卡业务操作；负责财务结算卡的日常管理以及维护工作，并且每天应与银行对无现金转账结算的流水进行核对，确保资金安全、及时地划转。

目前，高校学、宿、杂费以及工资等批量代扣的无现金结算模式已经逐步走向成熟，但日常财务报销的无现金结算模式尚处于起步阶段，在实际操作的过程中还可能会出现一些新的问题。比如，无现金结算方式过度依赖智能化的电子设备，其设备一旦出现程序错误就会导致无法结算，从而影响正常消费。这归根结底就是充值机系统不完善导致的。还有就是有的高校出现网银、一卡通等被黑客攻击的恶劣事件。鉴于这种情况，高校在实践过程中应当不断地总结经验、查找不足，并采取适当的措施及时解决，确保无现金结算模式改革扎实推进，取得实效。

二、高校实行无现金结算的具体方式

就高校财务结算的具体业务而言，由于各项业务所涉及的对象和业务流程不同，其所采取的无现金结算方式也有所区别。大体上看，高校的无现金结算模式可通过收入和支出两个方面来实现。

1.收入方面

高校无现金结算的收入方面主要包括教师纵向和横向课题收入、学生学宿费收入、零星款项收入和一卡通充值款收入四个方面。

第一，教师纵向和横向课题收入。

由于教师的纵向和横向课题涉及的课题款项金额较大且均为对公单位，因此，付款单位往往通过银行电汇或支票方式将科研经费转入高校的相应账户，从而保证大额资金的安全性。

第二，学生学宿费收入。

学生学宿费收入主要是通过银行批量扣款实现的。这种批量扣款一般由银行工作人员完成，有条件的高校也可由财务人员通过网银自行操作完成。

第三，零星款项收入。

高校收取外单位的小额款项和校内的一些零星款项可通过 POS 机划卡缴

费，将所缴款项直接缴入高校账户。

第四，一卡通充值款收入。

各所高校可以通过与银行、软件开发公司的合作在高校相应的位置配上自助圈存机，教师和学生可以通过该机器随时将自己要存入一卡通校园卡的金额从银行卡中转出。

2. 支出方面

高校无现金结算的支出方面主要包括日常报销业务、教职工相关工资薪金的发放，以及学生奖助学金和相关补助的发放三个方面。

第一，日常报销业务。

目前，除了支票和电汇结算方式，大部分高校正在逐步通过财政公务卡来实现日常报销业务的无现金结算。高校与相关银行合作，通过与国库支付系统的结合，实现职工的公务卡报销，从而实现高校财务日常报销业务的无现金化。

第二，教职工相关工资薪金的发放。

教职工相关工资薪金的发放主要是通过高校工资系统与银行网银系统的有机结合实现的。负责工资管理的财务工作人员将发放人员名单等相关信息从工资系统中提取数据，并将其与需要发放的款项一同转入开户行，由开户行实现教职工相关工资薪金的无现金发放。

第三，学生奖助学金和相关补助的发放。

学生奖助学金和相关补助的发放主要是从学生收费管理系统中提取相关数据，通过银行的方式将需要发放的款项直接打入学生的银行卡。

三、高校实行无现金结算需要注意的问题

无现金结算模式有着现金结算模式所不可比拟的优势，但是，无现金结算模式毕竟还是一种新事物，其发展和推进需不断接受实践的检验，从而使其不断完善。因此，作为新事物，无现金结算在高校日后的应用中还有许多

需要注意和值得思考之处。

1. 稳定的网络平台和可靠的数据信息是高校实现无现金结算模式的基本条件。

在日常业务处理中，财务人员应加强与软件开发部及相关银行的联系，做好网络的日常维护工作，确保网络畅通、数据稳定。同时，在提高工作效率、方便师生的前提下，定期升级优化网络设备和软件。

2. 统一的创新理念和充足的资金投入是高校实现无现金结算模式的基本前提。

任何新事物在实施初期都不是一帆风顺的，必然会遇到各种障碍。作为一种新的结算模式，无现金结算模式也不例外，这就需要高校各方高度重视，要在现金投入充足、结算方式统一的前提下，逐步实现无现金投入的全方位渗透和结算。

3. 专业水平全面、规章制度完善的财务人员是高校实现无现金结算模式的必要保障。

以无现金结算取代传统的现金结算不仅是社会发展的必然结果，也是新事物不断取代旧事物的有力证据。这不仅对财务人员提出了更高的要求，也对原有的相关财务制度提出了更大的挑战。高校实行无现金结算模式，要求财务人员具备综合业务水平和计算机操作能力，定期自理费用和业务培训，不断完善财务规章制度。

4. 及时的数据备份和良好的网络环境是高校实现无现金结算模式的安全保障。

为了确保财务数据和资金的安全，需要及时备份相关数据，加强财务服务器的网络安全管理，并在服务器上安装网络防火墙，防止服务器中毒导致财务数据丢失和网银密码被盗。同时，本项目采用双机热备份的工作模式，如果一台服务器出现故障，另一台服务器仍可以继续工作，而不影响金融系统的正常运行，以确保无现金结算的顺利有序进行。

第四章　高校财务内部控制的重心：会计核算

会计核算也称会计反映，是高校财务内部控制工作的重心所在，其以货币为主要计量尺度，对会计主体的资金运动进行反映。随着社会经济的发展和高等教育体制改革的不断深入，改进和完善现行高校会计核算制度就显得尤为必要，这对促进高校健康稳定持续发展有着十分重要的现实意义。本章分析了高校会计核算中存在的问题，给出解决高校会计核算存在问题的建议，并就建立健全高校财务内部稽核制度的问题进行探讨。

第一节　高校会计核算中存在的问题及解决建议

高校现行会计制度在高校会计核算中存在诸多问题，有较大局限性，改进和完善现行高校会计核算制度显得尤为必要。本节分析了高校会计核算在法律制度、会计准则、会计制度、会计核算等层面存在的问题，并提出解决高校会计核算存在问题的建议，以使高校的会计核算更科学、更具有实效性。

一、高校会计核算工作中存在的问题

目前，高校会计核算存在的问题，既有法律制度的问题，也有技术层面的问题，还有管理层面的问题，这些问题特别值得注意。

1. 高校会计核算遵循的基本法律制度问题

我国高校会计核算主要遵循《中华人民共和国会计法》《中华人民共和国预算法》《事业单位会计准则》《高等学校会计制度》等，不过这些法律制度现在来看尚有不足。例如，《中华人民共和国会计法》于 1999 年 10 月 31 日修订完成，且与企业单位比较，高校等事业单位仅在第一章总则第二条有处理会计事务的相关规定，而企业单位另有第三章公司、企业会计核算的特别规定。《中华人民共和国预算法》中没有提及高校预算相关的内容，只在第十九条第三款所称"事业发展支出"中提到"其他事业发展支出"。《事业单位会计准则》的第十六条规定会计核算一般采用收付实现制，经营性收支业务核算可采用权责发生制，没有将权责发生制引入预算会计内，且没有提出固定资产计提折旧等。《高等学校会计制度》的经营性收支业务部分采用权责发生制核算，而高校会计核算一般采用收付实现制。随着高校的发展，高校与其他单位或个人的应收、应付款项越来越多，按权责发生制核算缺陷也越来越明显。

自进入 21 世纪以来，我国的社会主义市场经济实现高速发展，但与此同时，经济问题在市场上接踵而来，我国的会计制度和法律也在不断创新和完善。但通过以上观察来看，我国高校的会计制度和法律还处于比较落后的状态，因此更应该重视制度方面的完善，高校方面可以对此提出自己的意见和建议。

2. 高校会计核算技术层面的问题

第一，国库集中支付系统与财务预决算软件不匹配。

目前，大多数高校都实行了以国库集中收付为重点的国库集中管理制度。财政分配有两种主要形式，即授权和直接支付。然而，在会计核算过程中，预算指标录入系统与国库支付系统之间存在着不匹配。高等学校作为预算单位，必须按照财政部门下达的预算审批指标执行预算，不得自行调整、变更。预算指标和补充指标必须手工录入两个不同的系统，业务量大。国库支付系统发布的指标非常笼统，项目细节不明确，与预算指标要求不一致。这将导致会计处理上的混乱，如未指定用途的资金和结余资金不准确，不能清楚反映资金使用的计划性、科学性和规范性，信息反馈不及时，报表不准确，不能从根本上反映预算执行情况，预算执行的透明度被大大削弱。

第二，发票不规范的问题。

会计核算的起点就是对原始凭证的审核。原始凭证是否真实、合法、准确、完整是保证会计资料真实、合法、准确、完整的可靠依据。原始发票与会计处理的每一笔经济业务都是相互联系的。只有做好日常的会计审核工作，才能保证会计凭证手续齐备、规范合法，及时向领导提供相关信息、资料，为正确决策提供可靠依据。在实际审核发票时，不合理的发票层出不穷。有的发票真实而内容不真实，有的经济业务发生的内容不符合常规、不符合逻辑。比如：发票内容开的办公用品 1.5 万元，既没列品名、单价和数量，也没有明细清单；还有的拿了已经过去好几年的发票来报销，这种做法从根本上违背了凭证时效性原则，若出现问题，责任难以查找和追究。

除上述情况之外，还有许多技术层面的问题，诸如：不核算固定资产折旧；不核算各种资产减值准备；没有按月核算收支；没有使用权责发生制；没有核算学生的培养成本；没有考虑现金流量表的作用；会计核算科目与预算科目没有统一；会计报告缺少会计附注说明资料等。

3. 高校会计核算管理层面的问题

管理层面的问题比较复杂，主要有资产核算、基本建设资金核算、收付实现制及财务报告体系不健全等问题。

第一，资产核算中存在的问题。

其一，固定资产核算标准不合理。现行《事业单位会计制度》明确规定：一般设备价值 500 元，专用设备价值 800 元以上的做固定资产处理。随着经济的发展及当前物价水平的提高，这一规定的标准明显过低，导致固定资产总额庞大，数量也很多，势必将给今后固定资产的报废清理带来诸多麻烦，最终导致账实核对时存在大量有账无物的状况。

其二，固定资产核算不准确。按照现行高校会计制度的规定：固定资产只核算原值，不计提"累计折旧"与"固定资产减值准备"，只设置了"固定资产"与"固定基金"两个相应的会计科目来反映固定资产的增减变化。固定资产的账面价值扣除清理报废外，其余入账数据不发生改变，这造成了固定资产的账面价值与实际价值严重不符，直接导致资产和净资产的虚增。

其三，无形资产核算不完整。高校的财务管理对图书馆数据库、教学应用软件、科研成果及专利的许多源于高校长期形成的无形资产涉及较少或根本没有涉及。无形资产在一段时间内可以给高校带来可观经济效益，所以要进行无形资产的核算，反之，若某项无形资产不能给高校带来效益时，则应及时停止该无形资产的确认。

第二，基建资金核算存在的问题。

基建资金会计是高校财务会计的主要内容之一。随着高校规模的扩大，新建校园、校舍建设需要大量资金，其核算越来越重要。但目前高校基建会计核算单独核算，银行账户单独开立，实行专项基建会计制度，与事业单位会计制度不符，这就导致了同所大学有两个账户的会计制度和报表制度。它将财务信息的完整性划分为财务信息的非完整性，影响财务信息的真实性和可靠性。

第三，收付实现制存在问题，难以保证会计信息的准确性。

现行的高校财务会计制度规定，高校会计一般采用现金制，企业收支采用权责发生制。这一规定表明，高校对收支的认定是基于资金是否实际收付。比如，高校学费的征收只能反映实际的学费和住宿费，现金核算法不能反映学生欠缴学费数额，形成表外资产。事实上，随着现代金融的发展，收入的实现往往与融资时间不同步，收入的实现不能充分反映高校收入的真实结果。目前高校会计采用现金本位会计，财务报表不能准确反映单位债权债务等资产负债，存在很大的缺陷。许多项目和资金与会计账簿分离，财务信息失真。比如，对于高校工程项目结算、学生学费收入和项目竣工，发票只有一部分未完全打开，所以只能部分记入账户，会计账簿不能充分反映。同样，学生的学费只能反映在账本上，而拖欠和递延学费却不能反映在账本上，更不用说报表了。会计信息缺乏可靠性、准确性和一致性。

第四，高校财务报告制度不完善。

目前，高校基本财务报表仅包括资产负债表、收支明细表及附表，重点是国际收支。它只能提供统计数据功能，不能准确反映高校实际收付货币资金情况，势必扭曲高校财务状况，掩盖高校潜在的金融危机，不利于防范和化解财务风险。

二、解决高校会计核算存在的问题的建议

所谓会计核算，是对会计对象即会计要素进行完整的、连续的、系统的反映和监督，主要方法有设置会计科目、复式记账填制、审核凭证、登记账簿、成本计算、财产清查、编制会计报表等。那么，高校究竟该如何进行科学合理的会计核算？除了国家层面应加强会计核算基本法律制度建设外，高校层面可以采取以下建议。

1. 遵循会计核算的操作基本原则

第一，固定资产折旧原则。

高校固定资产折旧是客观存在的，因此高校应在会计实务中增设"累计折旧"科目。在固定资产预计使用寿命的会计期间，每年或者每月计提固定资产折旧，折旧费用直接计入当期费用，净值可以直接从固定资产的账面价值中反映出来。各期固定资产净增加量基本能反映实际情况，固定资产净总额能客观反映各预算单元的资产状况。此外，鉴于高校固定资产账面金额与实际金额差异较大，建议高校在会计期间计提资产减值准备，真实反映固定资产的实际情况。

第二，相关性原则，即在设置会计科目时，考虑预算项目，并将财务会

计与财务预算结合起来。

高校会计科目与预算项目不一致，主要原因是会计明细分类要求非常详细，而预算管理要求仅将科目划分为主要类别，具体的预算管理项目不详细。会计信息与预算编制没有对应关系，难以满足高校预算管理的要求，给高校拨款、资金管理和预算执行分析带来不便。与此同时，预算和决算之间仍然存在差异。会计核算时，应当根据具体情况适当调整会计科目。这样，高校可以确保年度预算和决算相互一致。

第三，可比性原则，即增加权责发生制以反映会计信息质量。

为了使高校会计制度更好地适应高校可持续发展的新形势，应采用权责发生制来弥补现金基础的不足，以适应高校会计管理的需要。例如，高校收取学费和基础设施融资利息采用权责发生制，高校后勤和行业财务管理会计采用权责发生制。高校财务会计与物流、行业财务会计相结合，具有更充分的理论基础，能够准确反映高校的债权债务，有利于资产的可持续管理，加强负债管理。这两种会计基础的结合，能够准确反映高校的净资产，客观反映高校的资产和负债，从而提供高质量的会计信息。

第四，科研经费实行专项拨款原则。

目前，高校科研经费支出随意性较大，管理松懈。因此，在计算科研费用时，应对每个项目的费用进行详细分类，并分别计算科研形成的固定资产。项目建成后，委托有关部门对项目的合理性、合法性进行审查，并出具项目审计结论。这样可以避免资金的任意支出，确保科研形成的资产的完整性。

2.改进会计核算的具体办法

第一，完善国库集中支付制度，升级网络系统。

高校财务人员应熟练掌握国库集中支付系统的流程和具体操作软件的使用。具体操作过程中遇到的问题应与软件供应商沟通，进一步改进和完善，促进预算制度与国库集中支付制度的兼容，充分发挥预算的严肃性和权威性，完善预算执行机制，增强预算约束力。升级改造网络系统，确保财务软件系统在工作中高速有效运行，提供服务，准确披露会计信息。

第二，严格控制审计。

为了严把审核关，高校会计人员不仅要有高度的责任感，还要有一定的职业判断能力。审核发票和其他原始凭证时，敢于指出不真实、不符合规定和违法的原始凭证，坚决拒绝报销；对记录不准确、不完整的原始凭证予以退回，并要求经办人员进行更正和补充，以消除所有不合格的原始凭证，充分发挥会计监督作用。只有通过严格细致的检查和监督，才能保证会计凭证程序的完整性、规范性和合法性，保证会计基础数据的准确记录，保证高校会计资料的真实性和完整性。

第三，确定固定资产的原值。

固定资产的核算不仅要遵循上述固定资产折旧原则，还要确定固定资产的原值。根据《企业会计准则》，如果固定资产单价超过 2000 元，高校固定资产单价可以提高到 2000 元，这不仅可以缩小会计范围，而且可以满足社会经济环境变化的要求。对于购置的固定资产，新制度规定，成本包括在固定资产达到预定可使用状态前可归属于固定资产的实际购置价格、相关税费、运输费、手续费、安装费和专业服务费。对于自建固定资产，成本构成是资产建造达到预期可使用状态之前发生的必要支出。无偿捐赠或转让的固定资产的入账价值，应当按照同类资产同期的市场价格或者相关证明文件规定的金额与相关税费进行比较确定。对于库存过剩的固定资产，有盘盈的固定资产，应当按照类似资产的市场价格入账。对于在原有固定资产基础上进行改建、扩建的固定资产，按照改建、扩建发生的支出减去改建、扩建过程中的变价收入后的净增加值入账。

第四，合理计算每批大学毕业生的培训成本。

其一，将与大学生密切相关的年度支出分为两部分。一部分是可以直接计入学生培训成本的成本，可以直接计入一个系、一个专业的学生培训成本；另一部分是不能直接计入学生培训成本的费用，但与学生培训密切相关的费用可以通过设置"培训费用"等科目收取，并通过一定的成本分摊方式分摊到某部门某专业学生的培训成本中。

其二，每年底的年终总结将被收集到一个系和一个专业的学生费用中，并分发给该专业的毕业生和学生，从而计算出每批毕业生的直接培训成本和每个毕业生的平均直接培训成本。

其三，将除学生培训费用以外的大学费用平均分配到每个毕业生的培训费用中，然后汇总在校学生的所有费用，计算每个学生的培训费用，即学生在校期间高校的平均费用。这些数据也可以作为上级分配学费的依据。同时，我们还可以横向和纵向比较各种直接成本和间接成本，及时发现各种成本是否合理，从而降低高校成本，提高高校管理和服务的效率。

第五，在报表中列明多渠道、多方式筹集资金的情况。

高校筹集资金的渠道和方式很多。募集的私人资金和外部资金参与高校建设和运营后，高校财务管理部门应根据企业的要求和规定，计算其使用和余额，以便外部投资者了解高校的整体财务运营情况，包括资产负债、收支、现金流量等，以促进更多资金从其他渠道进入高校，使高校更好更快地发展。

第六，关注现金流量信息，增加现金流量表。

首先，编制现金流量表有助于会计人员分析和使用信息使用者和合作机构的现金流入和流出，从而掌握高校现金流量的变化。其次，编制货币基金收支表，即现金流量表，以反映高校定期编制的货币基金收支计划的执行情况。最后，高校要掌握货币资金的使用和支付能力，避免资金短缺、无法足额支付的局面。在编制现金流量表时，我们不能充分利用企业会计制度中的"现金"概念。本表中的"现金流量"不一定划分为"经营活动""投资活动""融资活动"等项目，可以简化。编制现金流量表是高校了解其内部和外部现金变化的必要条件。

第七，关于"会计报告"的标题。

如何命名反映高校财务状况和收支状况的书面文件，是高校会计改革需要考虑的问题，建议将"会计报表"改为"会计报告"。之所以这样做，有这样几方面的原因。首先，由于会计环境和会计信息范围的日益复杂，人们也面临着这样的需求。它从简单的定量信息发展到定量和书面信息，从简单的货币信息发展到货币和非货币信息。单个会计报表不能包含大量书面和非货币信息。其次，从我国的现状来看，要求同时提供会计报表及其附注和财务报表，因为单一的会计报表容易引起误解。最后，我国《中华人民共和国会计法》《企业会计制度》及相关会计法规也将原来的"会计报表"改为"财务会计报告"。由此可见，将"会计报表"改为"会计报告"，有利于事业单位会计制度与其他会计规范的协调，具有一致性。

第八，根据高校的实际情况来调整高校会计的年度报告。

高校财务核算的会计报告时间（或称会计报表的报出期间），会计年度一般是每年公历 1 月 1 日至 12 月 31 日，而高校作为特殊的事业单位，报表时间是一个学年，其包括上学期和下学期，实际的时间段一般从每年的 2 月开始至第二年的 2 月结束。高校经费一般也是按年度拨款。如果高校会计报表也按 1 月 1 日到 12 月 31 日年度报出，就会出现时间节点的误差，从而使高校经费和使用不能完整的体现在年度报告上。基于高校会计报告服务期间的特殊性，服务的周期按学年计算，会计报表以学年也就是每年 2 月到下一年的 2 月作为会计报表的报出年度，更能反映一个高校的实际情况，从而使所反映的财务状况、服务的收入支出和现金流动情况更能符合实际。这样，高校计划、控制和使用资金更有利于高校的财务管理。并且按月结算，每月进行一次收支表结转，做出每月的收入支出表，这样就可以看出高校每月收入的完成情况和支出的控制情况，方便做整体的预算、调控和管理。

第二节　建立健全高校财务内部稽核制度

高校经济活动日趋复杂，为了确保高校教育事业活动有秩序、有效地运行，保证财经工作正确贯彻执行国家的各项财经政策和财务制度，合法、合理、有效地组织、使用各项资金，确保会计信息的真实性和准确性，做好财务内部稽核工作成为当务之急。

财务内部稽核制度是内部控制制度的重要组成部分。建立健全高校财务内部稽核制度，其目的在于防止会计核算工作上的差错和有关人员的舞弊。通过稽核，对日常会计核算工作中出现的疏忽、错误等及时加以纠正或者制止，以提高会计核算工作的质量。为此，本节将着重讨论高校财务内部稽核的具体内容、内部稽核对高校内部审计工作的作用、建立健全高校财务内部稽核制度这三个议题，以期高校财务内部控制制度的进一步完善。

一、高校财务内部稽核的具体内容

所谓稽核，就是稽查与审核。财务内部稽核是对会计事项的事前和事中的审核，以及事后的复核。高校内部稽核主要包括了财务计划和财务预算的稽核、财务收支审核控制、会计凭证、会计账簿、会计报表以及债权债务等的稽查复核。高校财务内部稽核工作具体包括以下内容。

1.稽核财务计划和财务预算

《高等学校财务制度》明确指出："高校编制预算必须坚持量入为出、收支平衡的总原则，收入预算坚持积极稳妥的原则，支出预算坚持统筹兼顾、保证重点、勤俭节约的原则。"稽核人员在对财务计划和财务预算的稽核过程中，应从以下几个方面考虑。

第一，计划和预算的编制是否考虑到高校近期各项事业的发展规划。

第二，计划和预算是否能正确处理好高校可能的财力与高校事业发展的关系。

第三，国家、集体、个人三者的利益关系是否能够处理好。

第四，编制收入预算时，是否能既算足收入，又本着谨慎的原则，对于不能确定的收入不列入预算。

第五，编制支出预算时，是否能坚持重点，兼顾一般，集中财力，集中使用，不搞赤字预算。

第六，保证其编制的计划和预算依据可靠、数字准确、项目齐全、指标衔接、切实可行，能够发现问题并提出意见或建议。

2. 审查各项财务收支业务

根据国家财务会计制度和高校有关文件规定，审查各项财务收支。具体包括如下工作内容。

第一，是否符合核定的预算、计划以及有关制度。

第二，各项收费是否严格按照国家规定的范围和标准执行。

第三，各项收入是否及时足额入账。

第四，是否根据不同资金来源和性质划清收支渠道。

第五，正确归属费用，严格控制无预算的资金支出。

第六，对违反财经纪律进行的违法收支应当制止和纠正，对偏离计划、违反制度的业务应及时向领导汇报。

3. 审查复核原始凭证、记账凭证、账簿、报表及债权债务

根据有关财务会计制度和高校的规定，这项复核工作包括如下内容。

第一，审查复核原始凭证所反映经济业务的真实性、合法性、合理性，审查、复核原始凭证是否符合国家票证管理要求，手续是否完备，内容是否完整，有关人员是否签字（盖章）等。

第二，审查复核会计人员依据审核无误的原始凭证填制的记账凭证，使用的科目是否正确，记载的经济内容、金额是否与原始凭证相符。

第三，抽查账簿记录，检查是否按国家统一的会计制度和业务需要设置、启用账簿，账簿登记、更正、对账和结账是否符合要求，本期发生的各项经济业务是否全部入账，各项费用、收益是否按规定结转，账账、账实相符。

第四，从报告的合法性和真实性等方面加以严格控制，审查复核会计报表数字是否真实、计算是否正确、内容是否完整、表与表之间的钩稽关系、前后数字的衔接是否相符、上报是否及时、报表说明是否清楚。

第五，债权债务的稽核主要是对暂付款、借出款、暂存款的管理内部控制的稽查，要及时清理应收、应付款项，抓紧催收应收款项。

总之，在稽核内容上，应实施对全部会计资料的全方位、全跨度的稽核，而不单单是对凭证的稽核。另外，应实行事前、事中、事后的全过程稽核，并逐步实现从稽审会计业务为主到促进内部控制系统的健全为主的重大改变，使内部会计控制制度不断完善。

二、高校内部审计工作需要内部稽核

做好高校的内部稽核监督是高校财务管理的重要构成部分，是内部控制的核心环节，是高校实现办学目标的重要保证。科学、有效的内部稽核制度不仅对高校内部管理有着重要的作用，对有效开展内部审计工作也具有至关重要的作用。

1. 建立内部审计制度，为内部审计提供良好的基础条件

建立财务部门内部审计制度的直接目的是完善财务部门的内部控制制度，增强财务部门的自律能力，提高财务部门的管理水平。通过及时、定期、全面的内部审计，将可能出现的违法、不符合和不合理的行为从萌芽状态中消除。内部审计渗透到财务工作的各个环节，能够及时发现问题、及时反馈、

及时纠正和处理，防止违法、不符合和不合理行为的蔓延和深化。由于种种原因，内部审计无法及时、定期、全面地开展。科学有效的内部审计填补了这一空白，为高校开展内部审计提供了良好的基础条件。

2. 建立科学有效的内部审计制度，有利于高校确定合理的审计程序，提高审计效率。

高校内部审计指高校金融机构的内部审计活动。内部审计的最终结果是根据收集到的充分、适当的审计证据，做出审计判断和审计结论，编制审计报告。当实施不同的审计程序时，审计证据的数量和质量会有所不同。高校内部审计作为内部控制的核心环节，是内部审计的重要补充。科学合理地制定审计计划，评估审计风险，从而制定和实施相应的审计程序，是审计人员的重要工作。如果财务部的内部审计工作做得好，审计人员可以通过抽样审计来完成审计任务；相反，如果内部审计制度虽然很完善很健全，但实施效果不佳，那么审计人员必须通过完整的审计程序获取审计证据、做出审计结论和编制审计报告，这既费时又费力。

3. 建立良好的高校内部审计制度，可以保证审计测试的质量

抽样和测试中有很大的误差。财务部门内部审计制度健全，执行情况良好，样本代表性强，审计结论风险小；相反，如果财务部门没有健全的内部审计制度，或者内部审计制度没有得到有效实施，抽样测试得出的审计结论可能具有更大的风险。

三、建立健全高校财务内部稽核制度

内部审计制度是组织和从事会计工作所遵循的规范和标准，是会计基础工作规范化验收的主要内容之一，是会计机构内部监督环节。财务部门作为高校的会计机构，应建立相应的内部审计制度，进一步建立和完善内部控制制度。

1. 建立高校内部审计岗位责任制

做好金融监督工作的重要基础是金融工作的自我监督。实际上，所有高校都应该按照国家和教育部对高校财务工作的要求，建立和实施适合本高校的财务内部审计制度。

第一，高校应建立自上而下的内部审计制度。

在分管领导的领导下，财务部门负责内部审计工作，指定具体部门负责内部审计工作的开展和实施，在各部门设置主管会计岗位从事审计工作，并在各级落实岗位责任制。

第二，各岗位不相容的分离制度。

高校财务部门应做到：银行出纳与现金出纳的分工负责；支票、印章的保管和使用应当严格分开；会计与出纳收付业务严格分离；会计凭证的填制和审核应当严格分开；出纳不得兼任审计师。

2. 高校内部财务审计岗位设置

财务部门设立专职或兼职审计岗位，内部审计渗透到会计工作的各个环节。

第一，高校计划部门要建立会计岗位责任制。

按照计划预算内部审计的要求，对编制的计划预算进行检查和审核，确保发布的计划预算数据真实、准确、合理，随时注意预算的执行，建议领导根据实际情况调整部分预算，并指定专人负责。

第二，高校会计部门要建立全面的审计岗位责任制。

按照国家财政会计制度的规定，各项财政收支应当逐项核算。对不符合规定的收支及时提出意见，向领导汇报，采取措施并处理。审计岗位应当随着经济业务的发生对会计凭证进行逐项审计，不得拖延积压和记账。验证证书应当签名或者盖章。会计账簿、会计报表的审核由会计部门负责人完成。抽查应在审核日和登记日进行。发现错误，提出纠正意见，并要求有能力的簿记员及时纠正。会计报表审计应当每季度、每年进行一次，并遵守负责人管理制度。

第三，高校要设立资金科的内部稽核。

出纳只有在审计员事先审计后才能处理收入和支出。出纳只能审核已审核的会计凭证，办理财务收支手续。指定其他部门定期或不定期抽查和检查库存现金和现金日记账，根据银行对账单和银行日记账审计银行出纳的工作，如实记录并监督负责人。

第四，高校应要求财务管理部门对整个财务部门的财务状况进行审计。

每季度或每半年进行抽查，及时发现问题，及时反馈给各部门，协助领导进行内部审计；并对二级核算单位和校办产业的财务状况进行稽查、审核，把工作做到细微到个人。

第五章　高校财务信息化建设实务

大数据时代下，财务工作的信息化已经成为提高财务工作效率和服务质量的必然要求。高校作为规模较大的公共部门，面临着办学规模不断扩大而带来的资金来源多元化、资金管理复杂化的问题，而信息化建设对实现高校财务的集中管理、科学管理具有重要意义。因此各高校应结合自身情况，创新管理理念，针对各项问题采取相应解决措施，积极推动财务信息化建设。为此，本章讨论了高校财务管理信息化发展历程及趋势、高校财务信息化建设的意义、高校财务管理信息化系统的构建与功能等议题。

第一节　我国高校财务管理信息化的发展

高校财务的信息化是指利用信息化的处理手段管理高校财务，随着现代科技的快速发展，这种管理化方式已经占了很大的比重。高校的招生人数在不断增加，高校的办学规模也在不断扩大，从而导致高校的财务管理方式有很深刻的变化。那么如何利用高效的信息化技术来推动高校的财务管理，是我们一直关心并且研究的话题。它的发展路程也时时刻刻被人们关注，希望高校可以寻找到一种适合自己本高校的最佳模式。本节分析了高校财务管理信息化发展历程及趋势，论述了大数据环境下的高校财务管理信息化的问题。

一、我国高校财务管理信息化发展历程

我国财务信息化建设从 20 世纪 90 年代后期开始，初步实现了各级财务网上信息传输、查询、浏览以及个别业务网上处理。就我国高校财务信息化而言，其从最初的会计电算化开始，中经财务网络化建设阶段和财务集成化建设阶段，到财务智能化建设阶段，共历经了四个阶段，大致时间分别是1994 年、2000 年、2006 年和 2017 年。从时间线上说，这四个阶段的发展并没有明显界限，而是相互交替向前发展的。

第一阶段：会计电算化阶段。

中华人民共和国财政部于 1994 年 5 月发布的《关于大力发展我国会计电算化事业的意见》、于 1994 年 6 月发布的《会计电算化管理办法》，可以看作是我国会计电算化建设工作的起点。这两个文件为后来财务信息化的发展奠定了政策基础，也将引发会计发展史上的一次重大革命。

在当时，高校会计工作电算化主要是由一批高校和企业相继开发的适应高校财务核算特点的财务软件，使得高校会计工作实现了从凭证到报表的功能性跨越。在这一阶段，高校的手工记账操作已经被计算机软件记账所代替，可以完成从制作凭证到报表生成的繁重工作，既缩减了记账的时间，又提高了记账的准确性，从而使财务人员的工作积极性和效率都有了明显提高。但由于当时计算机应用水平并不是很高，只能简单地用计算机来模拟手工记账的操作，相关财务数据和信息无法流通和共享，再加上软件的功能也不是很完善，只能进行财务核算这项工作，因而"财务管理信息化"的概念还没有形成。

第二阶段：财务网络化建设阶段。

2000 年前后，由国家投资建设、教育部负责管理、清华大学等高校承担建设和管理运行的中国教育和科研计算机网（China Education and Research Network，简称 CERNET）已经在高校全面普及，这给高校财务信息化建设带

来了质的飞跃。在这一时期，高校的财务网络化建设已经涵盖了基础设施建设、财务信息系统建设、与其他业务系统的互联互通建设、财务信息系统产生的数据资源建设、师生与财务信息系统的交互层建设等方面，而且这些方面都取得了显著成绩。尤其是在财务信息系统建设方面，已经从原来只注重会计数据输入、处理、输出的单机版会计核算软件，转变成为将预算、核算、决算和财务分析模块联成整体的财务网络化系统，而且能够与其他业务系统进行有效的网络联结，从而实现了高校财务内部信息资源的实时互通和共享。

通过财务网络化建设，不仅形成了财务网络化系统架构，而且在以下四个方面实现了由内到外的网络联结：一是师生用户与财务系统的网络联结，师生通过财务信息系统可以网上报账、线上缴费、经费数据实时查询等，提升了财务服务工作的质量和水平；二是财务系统的预算系统、核算系统和决算系统之间的网络联结，不仅大大提高了财务信息内部传递的效率和准确性，而且形成了闭环式的预算管理系统，提升了预算管理的效能和水平；三是业务系统与财务系统通过网络联结，初步实现了业务数据与财务数据的传递与共享；四是外部关联方与财务系统之间实现了网络联结，实现了财政资金支付及电子票据的实时管理，也可以通过银校互联实现转账结算、账户查询、在线缴费等实时操作。

第三阶段：财务集成化建设阶段。

2006 年开始的财务集成化建设，是我国高校财务信息化发展的第三个阶段。所谓财务集成，是指在采购、销售、生产等业务的处理过程中，系统自动采集业务数据，自动选择总账科目和分账科目，自动生成记账凭证。"财务集成化"就是财务系统与业务系统的集中与融合，以此实现业务系统与财务系统之间的数据互通、共享、整合。财务集成化包括五个方面的内容，即基础设施的集成、数据资源的集成、应用支撑的集成、业务应用的集成和人机交互的集成。

上述几个方面具体到当时的高校，情况大致如下：在基础设施集成方面，可以对高校的办公楼、教室、实验室、活动场馆、学生宿舍、教材及其软硬件设备、必要的运输和通讯等基础设施进行统筹管理，集中建设和运维；利用云计算和存储技术降低基础设施建设成本，提高资金使用效率；建立安全防护体系，达到等级保护要求。在数据资源集成方面，可以对覆盖高校财务、教学、科研、管理和服务过程及结果的数据实现数据标准统一，统筹管理。在应用支撑集成方面，其目标在于降低高校的教学、科研业务与应用层的建设难度，提升持续开发能力，降低投资成本。在业务应用集成方面，可以梳理高校分散在各个异构业务系统的流程节点，进行提取和再造，建立跨部门流程；财务流程嵌入整个业务流程，在业务发生的同时，适时获取相应的财务信息，完成财务处理过程。这样可以做到师生在办理业务时，利用网上服务大厅线上一次提交。在人机交互集成方面，可以通过聚合入口、使用统一界面设计风格和操作系统的一站式服务平台，可以改善师生使用体验，确保人机交互便捷易用。

第四阶段：财务智能化阶段。

随着大数据、人工智能、移动互联网、云计算、物联网等新一代信息技术的发展，各高校大力开展财务信息系统建设，全面提升了财务信息系统的效能，财务服务、财务会计和管理会计等各方面的智能化水平越来越高。这标志着我国高校已经进入了财务智能化发展阶段。

财务服务智能化是指利用移动互联网和人工智能技术，替代人工完成财务服务工作，不受形式、时间和地点约束，并能够提供个性化服务，提升财务服务水平，具体包括智能财务咨询和智能财务报账。其中，智能财务咨询应用了大数据、人工智能、自然语言识别等技术，建立全天候在线智能财务咨询平台。该平台可自动识别用户的模糊问题，准确搜索用户所需要的知识内容，有利于提供精准的个性化服务，实现精细化财务咨询服务；同时财务人员可以对咨询业务进行后台数据监测及分析，对财务知识库进行持续完善和优化，为师生提供更好的财务咨询服务。智能财务报账是充分利用数字化新技术特别是对发票的数字化处理，可以有效提升财务报账的服务水平。

在财务智能化时代下，由于会计的主体、职能、工作程序和服务对象都出现了新的变化，财务会计应该转型为管理会计，这是时代发展的必然要求。

财务会计主要是核算、分析和检查。财务会计智能化主要关注的是降低信息处理的人工参与，进一步提高各类业务的办理效率和办理质量。《财务共享的智能化升级：业财税一体化的深度融合》一书认为，财务会计智能化具体包括：结构化的、可重复的财务会计工作，如财务报账的流程管理和记账凭证的自动生成；基于规则预定义的工作任务，如往来款管理、暂付款超期提醒；跨平台、多系统进行的工作任务，如集中采购统一月结时通过 RPA（Robotic Process Automation，机器人流程自动化软件，是一种新型的人工智能的虚拟流程自动化机器人）技术在财务系统提取出对账清单，与采购平台中订单的金额和状态进行核对，核对完后生成相应记账凭证，最后进行支付；数据查询、收集、核对的工作任务，如经费到账提醒、发票验证；其他逻辑性强的工作任务等，如报表编制中有规律的合并数据和汇总统计。

管理会计主要是预测、决策、预算、控制和考核。与财务会计智能化相比，管理会计智能化关注的是智能预算管理、智能风险管控、智能决策分析。智能预算管理是对高校预算管理体系进行升级，可以做到全面预算的事前精准预测和测算、事中有效监督和控制、事后客观考核和评价。智能风险管控是基于智能搜索、模式识别、数据分析、智能控制等技术手段，针对不同的控制环节，进行风险等级评估，并建立相应的控制措施，智能性地发现流程中的风险问题，及时有效地采取相应的风险管理措施。智能决策分析是利用智能化技术对原始数据进行数据清洗，基于规则的财务专家系统和基于机器学习算法等技术，使用预测和决策、计划与控制、财务分析与报告以及绩效考核与评价等方面的模型和方法，对高校运行的财务数据和业务数据进行实时采集、监控、整合、挖掘、分析和展示，产出报表和决策方案，助力高校进行科学决策。

从我国高校财务管理信息化的四个发展阶段可以看出，高校财务管理信息化程度是随着计算机技术的不断发展而变革的。财务管理信息化是现代经济发展的必然产物，体现为新一代信息技术和会计理论的相互融合，这种融合改变了信息的载体和信息的存储方式，实现了业务处理高度自动化、信息共享及时化、数据提取和使用准确化，预示着未来更为广阔的发展空间。

二、我国高校财务管理信息化发展趋势

回顾高校财务的发展历程，我国高校财务信息化将进一步拓宽，新时代将给予高校财务新的管理理念和管理模式，具体表现为标准化、人才兼容、安全性和可扩展性等几个方面。

1. 标准化

经济全球化已经成为"地球村"时代未来发展所趋。为了促进高校内部和外部的转换和互动，与财务信息相关的语言和系统逐渐遵循更加一致的标准。随着时间的推移，这些标准将不可避免地变得通用乃至趋于一致。

2. 人才兼容

财务管理信息化促进了财务领域的进步，也对人才提出了新的要求。在当今社会，财务工作已不再是简单的会计工作，而是逐渐融合了财务、管理和信息化的内容。财务人员如果仅仅了解其中一个方面，就不能满足财务管理信息化的发展需求，高校需要的是能够兼容财务、管理和信息化建设等的复合型人才。

3. 注意安全

财务管理信息化解除了时间和空间的限制。在推动金融领域进步的同时，也对系统安全提出了新的要求。金融数据的完整性很容易被通过网络的电子数据所取代。为了解决这些安全问题，技术是非常重要的。目前主要从身份认证、通信安全、数据加密、访问控制、病毒防范、权限管理、硬件保护、及时备份和视频监控等方面进行保护。

4. 可扩展性

在信息产业快速发展的当今时代，高校财务管理信息化建设应充分考虑财务信息化的可扩展性。特别是在数据格式和系统集成方面，要做好设计准备，使系统更全面、更高效地为工作服务。为了应对财务信息化的进一步发展，高校必须科学规划和管理，大力推进高校财务信息化。灵活利用现有高校财务管理系统中存储的大量数据和信息，构建高校财务信息系统，从教学、科研、学生事务、行政后勤等业务层面进行数据统计、比较、变化和趋势分析，挖掘高校财务管理的内在规律和模式，更好地优化资金资源配置，实现高效准确的预算管理，规避高校发展风险，为高校管理提供更好的管理决策支持。

三、大数据环境下的高校财务管理信息化

"大数据"具有数据量大、数据类型多样、数据处理高速、低价值密度等特征，高校财务管理因其独特背景，需要汇集教学、科研、学生、后勤等运行管理的大部分数据，高校财务信息化管理开始进入大数据模式下的"大财务"时代。下面探讨大数据环境下高校财务管理信息化的问题。

1. 缺乏统一的财务相关数据共享平台

高校财务数据来源相对于企业更广，涉及教学数据、科研数据、后勤数据、国有资产设备管理等部门。在没有建立完善的大数据平台的情况下，各部门没有统一信息编码规则，数据无法实现及时传递和交换，部门之间数据孤立，在利用率和整合程度上不高，缺乏必要的统一和控制，不能有效地进行信息共享。在没有完全融入数字化校园的情况下，各部门之间的数据很难实现集成化，无法进行数据共享。

解决这一问题，关键是通过建立数据共享平台进行数据整合。高校财务相关数据存储在不同的管理系统中：设备、房屋、土地、树木等信息存储在

资产管理系统，职工、工资、社保等信息存储在人事工作系统，学生、学分、课程等信息储存在教务系统。各系统之间数据相互分割，信息化没有建立数据同一平台阻碍了数据的流动共享。因此，大数据时代下信息化建设的首要任务就是将分散在各部门不同系统内的数据进行系统性整合，为下一步的数据加工、数据共享奠定基础。为此，高校应建立数据共享平台，对平台进行顶层设计，从战略发展的高度制订平台的行动指南，提高平台的统筹协调能力。只有这样才能形成合力，共同推进数据整合工作，提高数据使用效率。

2. 财务数据计量体复杂，数据收集难度大

高校的成本包括教学成本、教辅成本、政府划拨的教育费用，以及接受各企事业单位、慈善福利机构及其他社会集团或个人对教育的捐赠等。要准确计量这些成本并使其转化为数字，不仅仅需要收集庞大的数据信息，而且还需要把一些工作量化后转化为财务分析的数据。

解决这一问题，关键是做好数据加工处理工作。大数据加工是指对收集的海量数据整体加工，而非对部分数据的抽样加工。高校教育成本支出比较复杂，大数据下的信息化建设可以通过数据化平台整合归集各部门数据，充分利用计算机庞大的计算能力，找出数据之间的关联性并进行归类分析。大数据的战略意义不在于收集存储数据信息，而在于对这些收集的数据信息进行专业化的处理，形成统一的财务数据语言。针对大数据的特征，对数据进行更深层次、多维度的分析。通过对数据初次加工后的结果更深度挖掘，从数据统计层面转向数据分析层面，从数据背后找数据，从现象背后找原因，从而发现数据背后的价值，通过加工实现数据的增值。

3. 缺乏建设财务信息复合型人才

高校财务信息化建设不仅要求财务人员熟练掌握财务理论知识和实务技能，还需要具备先进的现代网络技术和计算机应用技术，并能将先进的信息化技术与传统财务管理有机结合，形成持续开发创新能力，打造成复合型财务管理人才。现在大部分财务人员缺乏计算机应用能力，不能根据实际情况

进行信息化流程优化设计，不能实现财务数据的加工处理和财务信息的分析预测等。财务人员技术水平不高，在很大程度上制约了高校财务信息化建设进程。

解决这一问题，关键是培养大数据复合型人才。在高校财务信息化建设过程中，复合型人才队伍建设发挥着至关重要的作用，高校财务人员应具备较好的创新思维和与时俱进的财务观念。大数据时代，高校会计人员必须重视综合素质的提升，才能适应现代财务信息化建设的需要，才能保障高校各项工作的高效运行，也是财务行业发展的必然要求。在财务信息化建设过程中，财务数据处理和计算机应用能力显得尤为重要，而财务部门普遍缺乏这方面的人才。随着大数据信息化时代的不断发展，高校必须加强同时具备财务实务能力和计算机应用能力的复合型人才，创建多维度数据分析模型，对获取的大量数据进行整合、剖析，挖掘有助于高校管理者决策的有用信息，帮助决策者做出最佳决策，快速提升财务信息化建设的能力。

第二节　高校财务信息化建设的重要意义

高校财务管理信息化建设作为数字化校园网的重要组成部分，是对传统财务管理模式的创新，是高校财务管理改革的重要内容，对促进高等教育持续健康发展具有重要作用。借助先进的网络技术和信息管理技术，高校财务管理信息化改善了高校财务工作系统的模式和资源。利用计算机软硬件系统的信息技术，可以整合和重组高校财务管理活动，有效整合和优化财务信息，实现高校各种信息资源的共享，从而提高高校财务管理的效率和服务质量。高校只有加强财务信息化建设，才能适应财务管理和数字化校园建设的需要，优化内部控制环境，降低财务风险。

一、财务信息化建设可提高高校财务管理水平

目前，高校经费来源多样化、复杂化，每年的经费支出往往按 1 亿元计算。此外，许多学院和大学是从多个原有学院和大学合并而来的，再加上新校区的建设，多校区现象更加普遍。面对这种情况，传统的财务管理已不能满足高校快速发展的需要。利用现代信息技术可以减轻财务人员的工作量，提高工作效率。因此，财务信息化建设是高校财务管理的需要。

1. 财务信息化建设是提高高校财务管理能力的重要途径

在高校财务管理建设过程中，推进信息化管理建设，可以有效提高高校财务管理水平，提高高校资金管理效率。在推进高校财务管理的过程中，财务信息化建设需要制定一系列管理制度，完善管理制度，促进高校财务管理规范化。信息化建设下的高校财务管理可以实现资金的有效监督，利用信息技术实时发现财政资金的变化，实现公共资金的高效使用，避免资金浪费。此外，信息化建设可以减轻财务人员的工作量，进一步提高财务管理效率，拓展财务管理空间。

2. 财务信息化建设是提高高校财务信息精细化管理水平的重要手段

信息化作为实现精细化管理的重要手段，可以通过计算机网络实现数据共享、系统过程自动控制等精细化管理活动。在信息技术条件下，高校财务管理需要更加高效、透明。借助相关的物料管理软件，我们可以及时生成财务报表，准确收集财务信息。同时，通过管理软件，我们可以及时发布财务公开信息并使用相应的数据，确保财务使用的透明度和效率。在这个过程中，高校各部门、广大教职员工和学生可以通过相关网站及时了解具体的财务变化，及时全面了解个人和部门的资金变化。这无疑有利于财务信息的精细管理，为高校提供更优质高效的金融服务。

3. 财务信息化建设是高校财务资源共享的必然选择

在高校财务管理信息化建设过程中，高校需要有效收集各类财务和业务

信息，建立相对开放的财务服务平台。高校各部门工作人员可以随时查询访问，了解高校内部信息。教师可以随时登录该网站，查询财务管理信息系统的相关财务信息，比如教师工资福利的支付、项目资金的使用、报销等信息。学生可以检查他们的学费支付以及助学金和贷款的支付情况。可见，高校财务管理信息化提高了资源共享水平，使财务信息披露更加全面准确，增加了财务管理的透明度。

4. 财务信息化建设是高校强化财务监督职能的重要途径

高校财务管理信息化将促进财务人员履行职责，保证财务信息的正确性和及时性。随着财务管理信息透明度的提高，高校的经济活动和财务工作受到公众的监督，有利于上级主管部门履行高校的审计职能、财务统计和监督职能，促进财务人员内部相互监督，强化高校各业务部门对财务部门的监督职能，有效遏制不利于高校稳定发展和社会公共利益的违规行为。

二、财务信息化建设可优化高校财务内控环境

财务信息管理直接影响高校财务内控制度的运行效率。它可以优化财务内部控制环境，实现财务信息和数据的沟通，降低财务风险。这对高校的财务安全具有重要意义。

1. 财务信息化建设有助于优化高校财务内部控制环境

所谓控制环境，是指可能影响各种政策制定或实施的各种因素，比如组织结构、人文环境等。由于传统管理方法的复杂性和低效性，高校内部财务控制的效果并不理想，而财务信息管理就是改变各种内部财务控制的组织结构和人文环境，从而实现有效控制效果。信息管理使财务组织结构集中协调，及时反映执行者对上级指示的态度和行动能力，加快决策者和执行者之间的沟通速度，使决策者和执行者之间的关系和谐，与员工平等互动，营造良好的人文环境，调动下级管理者的积极性，形成财务管理相关人员的团队精神。

同时，高校的一些财务岗位会产生人际关系，一些员工缺乏足够的专业水平和能力。针对这些情况，高校必须重视并严格评估员工的技术水平，以确保每位员工都能履行职责，创造效益，从而提高内部控制的效率。财务信息管理不仅简化了组织结构，而且加强了控制。作为高校管理者，如果能够有效、快速地了解每个岗位的工作，不仅可以凝聚岗位人员的向心力，还可以加强内部控制。

2. 财务信息化建设有助于优化高校财务信息和数据的沟通

高校的财务收支与所有机构密不可分，这对信息和数据沟通的及时性和有效性提出了很高的要求。通过将各种财务信息与上级处理上报的财务信息有效结合，可以全面、及时地处理财务信息和上级管理信息。同时，财务信息管理还提供了上下级部门之间的沟通渠道，实现信息和数据的共享。它不仅可以及时了解内部信息的交流，还可以实时关注外部信息和数据，使相关人员能够及时了解信息，做出正确决策。管理者传达给下属的任务或规章制度也能迅速执行，内部人员的违法违纪行为也能及时了解和控制。

3. 财务信息化建设有助于降低高校财务风险

财务信息管理的应用可以及时查询相关财务数据信息，有效管理高校的财务收费和财务费用，从而更有效地减少内部控制中的错账、乱收费和挪用公款现象。另外，许多高校的管理层还没有建立起足够的财务风险意识，因此很难及时识别各种财务风险。在一些国家，由于政策变化、学生不足、收支不平衡和债务过多而导致的金融风险难以应对。只有加强管理层的风险意识，才能制定相应的对策，在风险来临时合理使用高校资金。

为了降低这些财务风险，除了提前进行评估外，管理者还应该提前为每个风险点制定合理的防范计划，并努力将风险系数降到最低。高校普遍通过筹集资金、建立多种办学模式来分散财务风险。对于一些不可预测的发展风险，应根据高校的发展情况合理配置资金。大多数高校会通过银行贷款或其他方式筹集资金，但过度负债会给高校的资金周转带来不便。高校应关注这一情况，分析高校的财务承受范围，将外债控制在一个健康的范围内。

三、数字化校园对高校财务信息化发展的影响

为了提高工作效率，方便师生，建设节能校园，大多数高校都开展了数字化校园建设，校园一卡通在高校中得到了广泛应用。高校财务信息化是数字化校园建设的重要组成部分，而数字化校园的建设也对高校财务信息化的发展产生了深远的影响。

1. 彻底消除高校财务管理中的信息孤岛

传统的财务信息系统由相对独立的业务系统组成，可以实现与其他部门信息系统的连接和数据交换。但是，由于金融系统中的软件与商业软件之间的数据接口不统一，金融信息系统中的软件无法互联。数字化校园的建设为高校财务信息化的跨越式发展提供了网络平台和技术基础。数字化校园通过建立统一的网络平台和数据中心，制定各部门信息系统的数据接口规范，实现全校数据互联。基于数字化校园的财务信息系统建设，不仅可以实时获取各部门的各种财务信息，还可以将财务信息及时反馈给各级管理部门，彻底消除过去高校财务管理中的"信息孤岛"。

2. 改变获取财务信息的旧方式

过去，高校财务信息系统只能通过人工输入或从第三方间接导入获取数据。不仅信息的及时性差，获取的信息也不完整，而且错误率高，而从第三方间接导入也严重影响了财务数据的安全性。数字化校园环境下的财务信息系统能够获取大量实时性强、安全性高的财务信息。在数字化校园环境下，各部门实现了统一的数据接口和信息互联，财务部门可以及时、完整地从各部门获取相关财务信息。由于信息的自动推送和获取，大大减少了人为因素的影响，提高了获取财务信息的安全性。

3.改善了会计业务处理模式

由于数字化校园建立在全校统一的网络数据平台上，可以实现全校数据的互联和各系统的无缝连接。财务部门可以通过主动、接受和推广、及时反馈和人工输入，随时掌握和参与高校的相关经济活动，真正实现会计事前、事中、事后的全过程监督功能；同时，通过数据采集、筛选和审计，可以实现部分会计业务的自动化处理，大大降低了会计人员的差错率和会计业务量，财务部门就可以投入更多人力资源来加强财务管理。

4.为精细会计提供充分的信息支持

通过对校园各子系统输入的各种原始数据的数字化处理，不仅实现了实时数据采集，为精细核算提供了充分的信息支持，而且保证了数据输入口径的一致性，为精细核算提供了坚实的原始数据基础。同时也使会计系统能够根据业务需要和规则对相关数据进行详细分析和选择，为未来的财务分析和财务管理提供可靠的数据支持。

5.数字化校园系统为财务管理向决策转变提供了必要的平台

数字化校园通过一条或几条主线将松散部分之间的信息有机地连接起来，通过数据集成构建完整的数据中心。一个完整的数据中心可以有效地促进高校财务管理模式从会计型向决策型的转变。因为通过数据中心，财务信息系统有机会在完整准确的数据基础上，将整个学校作为一个完整的经济实体，全面、专业地了解和分析各方面的财务状况，为财务信息的上传和发布提供必要的技术依据。这充分反映了数字化校园对高校财务信息化发展的深远影响。

第三节 高校财务管理信息化系统的构建与功能

构建高校财务管理信息化系统的目的，主要是为满足当代高校财务管理的需要而设计开发的一个全新的、信息化的财务管理系统。建立信息化的财务管理系统是从技术上对高校的财务管理的一个显著提高，构建高校财务管理信息化系统，高校可以通过该系统提供的各种详尽的分析数据，为解决财务中的重大问题做出决策，以提高资金的使用效益。为此，本节围绕高校财务管理信息化系统，从条件及规划、构成与功能、核心设计、实现与原则等方面进行了全面解析。

一、高校财务管理信息化系统构建的条件及规划

高校财务管理信息化系统的构建需要满足一定的条件，并在此基础上对高校财务管理信息化系统进行从下到上依次整体规划。

1. 构建高校财务管理信息化系统必须具备的条件

高校财务信息系统是高校财务管理的重要组成部分，高效完整的信息系统必须能同时满足会计核算者、管理者、决策者以及信息使用者的共同需要，因此它必须具备以下条件。

第一，具有集中采集数据的功能。

多地区、多个客户端、多个子系统的数据集中到统一的数据库中，以便于所有的数据在同一个平台上操作。

第二，具有健全的内部处理机制。

通过这个过程，财务信息能及时进行汇总、互换、交流，并能实时抵消

中间表和内部交易，从而满足多目标、多口径、多层次的信息分类和管理需求。

第三，具有完整的报告和分析体系。

会计活动最主要的作用就是提供决策信息，而报表数据和出具的报告则是会计信息的核心部分。它既能帮助报表使用者总结、评价经济体的财务状况，又能为经济预测和决策提供可靠的依据。

第四，具有统一的信息化平台。

通过建立统一的标准和规范，所有的数据在统一的平台上进行流转，各业务系统集成应用，才能较好消除信息孤岛、实现信息的共享。

2. 从整体上规划高校财务管理信息化系统

基于以上条件，并充分考虑高校发展的内外需求，本文对高校财务管理信息化系统进行整体规划，从下到上依次划分为基础层、接口层、业务处理层、管理控制层、战略决策层五个层次。

第一，基础层。

基础层主要为操作系统、数据库、网络基础建设、系统安全体系，以及硬件平台建设等，存放整个财务系统建设的基础软硬件。

第二，接口层。

接口层指的是通过校园网为各应用系统搭建统一的入口和一站式的平台，更好地为学生、教职工、管理人员等提供个性化的综合信息服务。接口层包括网上银企直连系统、网上信息查询系统、网上缴费管理系统等。其中，网上银企直连系统主要包括支付信息导入、支付信息生成、网上对账等模块。其功能是通过专线方式与银行相连，将付款信息直接发送到指定行的网上银行系统，并向银行发送电子化的支付、扣款指令，完成资金支付及对账功能。网上信息查询系统主要包括教职工个人的工资薪金查询、科研经费查询、部门经费查询等。教职工可凭职工编号及密码登录查询个人信息。网上缴费管理系统包括学生学费的应缴实缴欠费情况查询、银行卡号修改等功能。该系统可共享收费管理系统的信息，学生可以用学号及密码登录，查询个人信息。网上缴费管理系统主要用于管理学生网上缴纳学费及其他应缴费用。

第三，业务处理层。

业务处理层主要是集中处理高校的所有财务信息，并将其转化为信息用户有用的信息。业务处理层包括财务核算、经费管理、网上报销、收费管理、资金管理及薪资管理六个子系统，每个子系统都有自己的功能。

财务核算子系统：该系统是整个财务信息系统的核心，其他系统数据与之密切相关。在集中核算的财务管理模式下，会计主体的财务数据可以根据组织关系统一建立在数据库中，以支持企业、基础设施建设、工会等会计系统的需要。该系统包括会计处理、交易、现金、辅助和报表管理，以及报表汇总和合并模块。其主要功能是处理一些基本的会计信息，比如制单、审核、记账、记账凭证查询等，打印凭证、账页等。

经费管理子系统：主要管理院系和科研的资金，包括资金准备、资金审计、资金执行与约束、资金调整、查询分析等模块，其主要功能是预算发布、预算执行分析、预算项目申报、增加、审核等。根据科研管理规定，限制科研经费预算限额，审核经费收支，审核最终报告。同时与财务会计子系统、网上报销系统互联，实现资金执行数据的实时采集和查询，并运用比较分析、零基分析、链分析等策略对资金使用情况进行分析。

网上报销子系统：主要包括报销单填写和网上审批。费用业务申请、费用报销、资金支付的全过程与资金管理系统实时连接，对预算进行检查、约束或预警。实现从传统的预算后资金使用限制向事前、事中、事后业务全过程限制的转变。

收费管理子系统：主要包括学生档案管理、应收账款管理、对账管理、奖学金和贷款管理、查询分析和债务跟踪管理。

资金管理子系统：主要包括账户管理、结算管理、筹融资管理、资金监控分析等模块。其主要功能为多级账户进行分类管理，以及对各二级单位的资金收支情况、高校资金分布状况及各阶段资金收支状况进行统计分析等。

薪酬管理子系统：主要包括人员信息、基础数据、薪酬发放、自动生成凭证等模块。其主要功能是发起、添加和修改员工个人代码、部门、银行等信息，支持不同类别、不同校区人员的薪酬管理和核算，自动计算个人收入。

第四，管理制约层。

管理制约层主要采用集中管控模式，通过制度管控作用于系统管控，共同达到强化财务管理、优化资源配置的目的。高校建立统一的执行标准和制度规范后，各业务操作在此基础上以经费管理系统为管控主线，以资金管理为中心，共同实现高校财务管理各个方面的智能管控，从而进一步强化各项管理制度和政策的落实。

第五，战略决策层。

战略决策层主要通过预警、关键指标实时查询、预测模型、分析报告等方式，实现数据的集中，为统计分析和决策支持提供足够的数据支撑。此系统包括综合展板、万能查询、指标分析、报表管理、智能报告等模块。通过一定的操作平台，把以上模块所采集的数据进行分析加工，转变成为一目了然的图形或图文并茂的报表，最后把财务运转数据展现到 Word 表中，生成分析报告，满足高校管理者直观了解多方面信息的需求。

二、高校财务管理信息化系统的构成及其功能

根据高校财务管理的实际需求，高校财务管理信息化系统应该包括两大部分。一部分是当前的财务管理信息系统，实现基本的日常结算、财务报表、收费管理、工资发放等功能。还有一部分是在此基础上，构建高校财务管理决策支持系统，它可以更好地满足高校财务管理与决策需求。

1. 高校财务信息化系统的主要功能

上述两大部分合起来，构成了具有决策支持意义的高校财务信息化系统

的主要功能。

第一，实现业务数据和财务数据的高度共享。

财务管理信息化的过程也就是财务信息共享和交流的过程。通过建立数据库，可以从高校教学、科研、人事等业务系统中提取原始数据，实现业务流与资金流的关联与共享。网上报销结算业务将更加方便。教师、办公室工作人员和学生可以根据不同的用户权限查询和检索网上财务信息。特别是财务决策子系统和业务子系统的集成，可以实现数据共享。财务管理信息化建设不仅提高了会计环节的真实性和准确性，也有利于上级部门的审计监督。

第二，有效地辅助高校管理。

高校财务管理信息系统可以进行有效的财务管理分析，提高高校财务分析的效率和准确性。数据挖掘技术用于有效分析教师工资、班级津贴和科研经费的分配和使用情况，获取高校教师结构和科研水平的信息。有效分析各二级部门支出情况，掌握各部门资金使用情况，避免资金欺诈和浪费。

第三，有效提高高校财务预算管理水平。

通过对近年来高校和二级院系财务历史预算的基本信息和数据的分析，可以更准确地了解企业的资金来源和资本收支情况。结合高校发展的实际需要，可以更准确地做好高校和二级部门的财务预算，实行全面预算、分级预算和项目预算管理，真正实现预算精细化，提高高校财务预算管理水平。

第四，能够及时有效地进行财务异常预警。

高校在办学过程中，在筹集办学资金和使用教育资金方面有很大的自主权。也正因为如此，高校财务运行也存在着潜在的风险。通过财务风险控制机制的决策支持系统和财务风险预警系统，可以及时有效地预防和化解高校财务风险。管理者可以将高校的财务指标和风险指标有机地结合起来进行对比分析，从而确保高校的财务安全。

2. 高校财务管理信息化系统的子系统及其功能

高校财务管理信息化系统的子系统主要由四个部分组成：抽取数据源、

数据提取子模块、决策支持系统功能子模块以及数据可视化模块。

第一，抽取数据源。

这是必不可少的一个重要组成部分。当前高校财务信息化系统已经基本实现财务管理、学生缴费、学生助学贷款、教师科研经费、各二级部门收支情况等财务管理信息的一体化网络信息化平台。在此基础上，构建决策支持系统首先需要根据财务决策管理的实际问题，确定数据挖掘和处理的数据源。

第二，数据提取子模块。

它可以实现将外部数据源的数据集成到数据库服务器中的对应数据库的数据表中。通常来说，它可以支持多数据源以及多数据库服务器，也可以将其他如 Excel、TXT 等数据集成到数据库服务器，使数据挖掘算法所使用的数据结构具有一致的特征。

第三，财务管理系统。

它可以存放单位基础财务数据资料与累计各期发生资料。根据数据的特征及相互的关系以及财务管理工作的要求，决策支持系统可以包括关联模式挖掘子模块、聚类分析子模块、分类与预测子模块、异常预警子模块等集成各类数据挖掘算法的功能管理模块，对数据提取的数据源进行挖掘分析。

第四，数据可视化模块。

它包括原始数据可视化子模块和挖掘结果可视化子模块。前者主要实现对集成到数据库中的数据的展示，方便了解其特征，从而使用户能更加有针对性地选择数据挖掘算法。后者主要实现对数据挖掘结果的展示，方便用于理解查看挖掘结果。

三、对高校财务管理信息化系统进行模块化设计

高校财务管理信息化系统的设计应该包括财务管理、用户功能、学费信息、工资管理、人员信息管理等，本书讨论针对这些方面的模块化设计。

模块一：财务管理。

高校财务管理工作在维护高校经济秩序、筹措办学资金、促进高校改革和发展等方面发挥着重要作用。财务管理的模块化设计，可将其分为凭证管理模块、账簿管理模块、出纳管理模块和报表模块等四个子模块。

子模块凭证管理包括凭证输入、凭证修改和凭证删除三类。其中的凭证输入可分为两个方面，即手工输入和系统自动生成。在输入凭证时，可选择助记码等简单的方法。至于凭证修改和凭证删除，则可以通过检索之后来实现。

子模块账簿管理主要是根据不同的记账方式进行的，可分为总账、明细账和辅助账。总账的管理是财务管理中最重要的部分，是对财务资金的每一笔去向都有详细的记录。因此在软件中的检索查询要做到简洁明了、易懂，方便查询。明细账的管理是对每一个科室的账目进行管理，在查询的过程中可以根据科室的不同而有不同的查询方式。辅助账的管理主要是对一些复杂的科目进行补充。

子模块出纳管理包括现金出纳、银行出纳和出纳复核，其主要是观察现金、银行及单笔现金的流通情况的查询。

子模块报表管理主要是对一些特定的信息进行分析，首先进行相关信息的检索，再进行报表的输出。

模块二：用户功能。

用户功能模块主要包含用户对本系统的权限管理、添加用户、修改密码，以及系统维护的功能。系统的管理员可以有权限对任何用户的信息进行查询和了解，同时最重要的是对系统的安全性要有足够的保障。因此，系统的操作权限和用户信息的保密工作必须做到极致，高校要对这个问题采取较好的防范措施。

具体来说，系统设计者可根据角色的不同，设置不同的操作权限。角色可分为校领导、财务处人员、非财务处人员和系统管理人员。其中，校领导通过该系统可以实时了解高校财务动态，进行有效分析，并配合财务处人员进行积极管理；财务处人员和系统管理人员需要通过该系统密切配合，进行有效沟通，在财务和系统本身两个方面都进行有效的管理，且这两个角色都有权限对系统的信息进行查询了解。

模块三：学费信息。

学费信息模块指的是学生在校期间的所有活动信息。这一模块在设计过程中需要采集信息，采集对象包括对学生的班级、姓名和学号等个人信息的采集，还包括对学生学分以及重修信息的学业信息的采集，也包括对学生的学费记录以及学费贷款信息的采集。其中对学业信息的采集，要详细记录学生的挂科或获得奖学金的情况，还要有关于学生重修的记录。

从功能上说，学费信息最重要的是记录了学生的缴费时间、缴费金额等缴费信息，因此学生可以进入系统然后通过这个模块对自己缴纳学费的信息进行查询和核对。本系统的使用可以大大减少高校工作人员的工作量。

模块四：工资管理。

工资管理模块主要针对教职员工这个人群，其涉及教职员工的隐私问题，因此对信息的可靠性和保密性必须有严格的要求。该模块同样需要教职员工详细的个人信息，包括其所在部门、所从事的职业、所在岗位等；还要对教职员工的出勤状况有相应的记录，诸如每天的打卡记录所显示的迟到、早退等信息。教职员工的工资信息也应该是透明的，教职员工可以通过系统进行查询，了解自己工资状况的具体细节。如果发现错误，可以及时向系统管理人员反映。

模块五：人员信息管理。

人员信息管理模块是高校财务管理信息化系统得以良好运行的基础，系统中应包括人员的添加、修改密码及信息查询等权限管理。人员的添加可以根据有关部门的及时申报，进行有效的添加和删减人员。这个步骤必须由系统管理人员来完成，其他人不能设置权限。修改密码可以根据用户自己的决定来进行，比如有忘记密码的情况，系统管理人员应协同进行必要的查询。一些公共信息是可以进行有效查询的，但有些信息必须获得权限，比如说学生的信息，相关的老师可以进行查询，而其他学生没有权限。

最后值得一提的是，高校财务管理信息化系统的开发完全是根据财务部门的要求来的，每一个功能模块都经过实际操作人员和开发人员的反复试用和修改，所以它是一套非常实用的系统。

四、高校财务管理信息化系统的实现及其原则

高校财务管理信息化系统的实行，需要高校与软件公式的密切配合。管理人员、财务人员和软件设计人员需要进行有效沟通。在使用过程中如发现不足之处，应及时提出建议和相应要求。高校财务管理信息化系统的实现需要各个部门的积极配合，通过这个系统的使用可相应地减少高校工作人员的工作量。

高校在实行财务管理信息化系统的过程中，必须遵循公开原则、集中原则、分离原则和安全原则。

1. 公开原则

公开原则强调的是财务数据以及使用项目的公开、公正。高校中所采用的财务信息管理系统一般都是基于 web 报表（网络应用程序）的，因为报表以其简单易用的设计被各个高校所使用。web 报表在用于高校的财务管理中时，一定要公开高校的各项财务信息，并且秉持公开、公正的原则详细记录各个财务数据以及使用的项目。先根据经济业务做记账凭证；然后把发生额填入科目汇总表；接着把科目汇总表上的金额列到明细账本上；再把明细账汇总的发生额填到总账中；最后根据总账的余额再填到财务报表的相应科目。

2. 集中原则

集中原则的"集中"包括资金、账户和人员三个方面。具体来说，资金

集中就是高校在进行财务管理信息系统的使用与设计的时候要将高校的各项资金进行集中处理，并记录在报表中，这样有利于对高校资金进行统筹规划，做到物尽其用；账户集中就是在对高校的财务进行管理时要将学生收费管理账户、教职工薪酬管理账户、资产管理账户、信息管理账户、系统配置账户以及财务支出账户等各个账户集中记录，这样有利于进行期末余额的汇总以及进行试算平衡和高校财务的检查等各项工作的进行；人员集中就是将信息系统的管理人员、会计人员、财务人员以及相关的其他人员进行统一管理，因为这样有利于平时工作的开展与进行，而且有利于避免时间上的浪费。

3. 分离原则

分离原则的"分离"，指的是会计业务的决策者与执行者分离、财务审批与会计监督分离、会计凭证的存放管理与其形成的单位分离。虽然这几个部门之间的工作具有相互的联系，但是各个部门以及各人员之间的工作还是要求分离的，因为这样可以保证财务管理的客观性和真实性。

4. 安全原则

安全原则强调财务决策和隐秘信息的安全。财务关乎一所高校的财务决策的安全性，也关乎高校财务隐秘信息的安全性。所以，高校在财务管理过程中应用财务管理信息化系统时要注重数据库以及信息软件的安全性，同时还要求高校在应用时做好"防火墙"的工作，这样可以保障高校财务数据的安全性以及隐秘信息的安全性。

总的来说，高校财务管理信息化系统是企业和高校中一切管理系统的核心。高校财务管理信息化系统将财务管理与计算机的应用相互结合，标志着高校财务管理的巨大进步；同时系统在使用的过程中也应该日趋完善。

第六章　构建高校财务激励机制的实务

一直以来，高校财务人员的工作积极性普遍不高，服务态度差，师生员工对此反映强烈，究其原因，与没有建立有效的高校财务激励机制有很大关系。更值得注意的是，高校财务激励机制的缺失或不完善是制约高校财务管理效益和管理机制正常运行的主要因素。因此，本章分析了高校财务人员群体激励机制的现状，并阐释了构建竞争体制、完善收入分配制度、建立评价指标考核体系、物质激励与精神激励并重、注重环境激励、加强继续教育和提高财务人员的业务水平及职业道德等机制建设措施。

第一节　高校财务人员激励机制现状分析

近年来，我国高校一直在探索如何建立高效的财务人员激励机制，并且也取得了一定的成就。但是从目前的情况看，高校财务人员激励体系中仍然存在很多问题，许多高校针对财务人员群体的激励机制不健全，有的甚至没有建立财务激励机制，以至于财务人员缺乏工作热情，导致高校财务管理效益低下。

一、片面理解财务管理，不重视财务人员

目前，许多高校存在片面认识财务管理以及不重视财务人员的现象，这是高校财务人员群体激励机制不健全的根本原因。

1. 片面理解财务管理

高校财务管理是高校整体管理的重要组成部分。高校财务管理是根据财务法律法规和财务管理原则，组织高校财务活动，处理高校财务关系的经济管理工作。由于高校领导、财务部门等对财务管理在高校管理中的重要作用缺乏新的认识，财务管理部门未能及时调整工作方向，将科学的财务管理运用到实践中，因而对高校的发展没有形成有力的支持。

高校要强化财务管理，就必须得到领导的重视，而许多高校的收费管理手段落后，已不适应目前高校管理的发展需要。以会计核算为例，虽然会计核算现在已经实行了电算化，提高了记账、报账的工作效率，但财务软件的管理分析功能却往往得不到充分利用，导致财务工作重心还没有及时转移到财务管理上来。

2. 不重视财务人员

高校领导不重视财务人员也是一个客观事实。高校财务人员在高校财务管理中发挥着重要作用，但许多高校对财务人员工作的认识存在偏差。他们认为财务工作只需要报告、记账和计算账目。因此，他们不重视财务人员政治和业务素质的培养，没有相应的财务管理制度，不重视财务人员的建设。一些单位严重违反《中华人民共和国会计法》，随意任免财务部门人员，导致财务部门部分人员出现业务错位和不使用现象。由于其知识结构的缺陷和专业知识的缺乏，这样做势必影响高校的整个财务管理工作。

由于领导不重视财务人员，也导致了用人机制的不完善，影响了财会人员的工作积极性。事实上，财务工作历来被认为是专业技术很强的工作，一旦从事财务岗位，就很难在校内部门间流动，岗位终身制使其缺乏竞争意识，

责任心和进取心会受到影响。另外，缺乏合理的业绩考核机制，工作好坏一个样，导致工作缺乏动力，积极性和潜能得不到发挥，影响整体工作绩效。

由于领导不重视财务人员，导致财务人员满足感偏低。财务人员掌握着一定的专业知识，财务工作属于一项技术性很强的工作，因此财务人员的流动性很差，长期被锁定在某个岗位上工作；加之高校不重视财务人员素质及能力提升的培养，外出学习和交流的机会偏少，长期如此，导致财务人员接受新事物和创新的能力偏差，工作积极性减弱，自我能力的实现受到限制，满足感偏低。

由于领导不重视财务人员，导致高校对财务人员的继续教育内容和形式单一，收效甚微。财务人员继续教育的目的，是提高自身的理论水平和业务技能，规范会计操作，解决实际工作中遇到的问题。但目前高校的继续教育内容单一、形式呆板，难以调动财务人员学习的主动性和学习热情，业务技能提高缓慢。

3.缺乏对财务工作人员的激励机制，或者激励机制偏低

目前，高校的绝大多数激励机制都偏向于教学、科研人员，而对财务工作人员却缺乏激励机制或激励机制偏低，致使高校各类群体的收入差距拉大，财务人员的利益受损，甚至遭受不公正待遇。高校财务人员由于受坐班制和繁重、繁杂工作的缠身，没有时间和精力从事第二职业；再加之财务人员在职称评定上属于"非主流"人群，编制名额偏少，与同等条件下教学、科研人员相比，处于劣势地位，晋升机会较少，收入相对偏低。

二、高校缺乏针对财务工作人员的竞争机制

为了充分调动高校广大财务人员的积极性和创造性，最大限度地发挥其聪明才智，有必要在高校建立一套科学和完善的针对财务工作人员的竞争机制。事实上，尽管现在高校规模不断扩大，管理不断细致化，财务人员队伍

也越来越庞大，但是缺乏必要的针对财务工作人员的竞争机制。竞争机制的缺失或不完善直接导致了财务人员积极性的降低和服务质量的低下，具体表现在以下两个方面。

1. 财务人员缺乏职业危机和竞争意识

许多高校没有实施竞争性就业，更多的工作与绩效挂钩，这直接导致许多财务人员缺乏职业危机和竞争意识。

2. 财务人员缺乏主动服务意识

许多财务人员不能正确定位自己的职业，没有意识到会计管理应服务于教学。由于缺乏主动服务意识，他们在服务过程中往往被动地服务，甚至被动地应付。加强高校财务人员服务意识和责任意识是提高高校财务工作水平的重要手段，因此要经常向会计人员进行宣传，使会计人员树立服务意识、责任意识，从日常工作认真做起，避免因责任意识不强而给高校带来不必要的经济损失，影响高校的形象。

三、高校财务人员评价考核制度有待完善

随着高校各类经费不断增加，随之而来的便是财务核算工作量的不断增加，这就需要建立起核算岗位的绩效考核制度，从而激发在岗人员的工作积极性，提高工作效率，确保工作质量。但是，目前很多高校对财务人员的评价考核制度存在着很大的漏洞，这主要表现在以下几个方面。

1. 考核的次数太少，而且大多是走形式

目前，许多高校对财务人员的考核采取年度考核的政策。考核小组成员一般由各部门领导担任，考核内容更注重财务人员的职业道德和勤勉，但对财务人员的职业能力要求不高。此外，常规考核较少，考核基础数据缺乏，导致年终考核总结与实际情况相差较大，不能真正起到激励作用。

2.考核人员缺乏必要的专业素质

在评价中，考核人员经常使用主观意识来判断过程和结果。此外，他们对被考核人员缺乏了解，导致考核与实际情况存在很大偏差，大大降低了考核的公平性。

3.评价指标体系过于粗糙

评价指标体系与被评价人员的联系不强，评价指标中不包含重要因素，大大降低了评价的可操作性，使评价失去了原有的意义。

4.对财政人员缺乏科学的考核评价标准

目前，很少有高校对财务人员设置单独的考核和评价标准。无论财务工作的特殊性和技术性如何，大多数高校的考核和评价标准都是以其他管理团体的考核和评价标准为基础的。由于考核标准不完善、不科学，考核结果难以真实反映财务人员的实际工作，导致不公平因素增多，严重影响了财务人员的工作积极性。

四、岗位津贴制的积极作用没能有效发挥

高校实施岗位津贴制度对提高教职工的工作积极性、增强办学活力、提高办学效益等有积极的作用。目前，高校普遍实行了岗位津贴制，财会管理也不例外，但是在这一制度实行的过程中，也存在着一定的漏洞。

1.重职称激励而轻岗位激励

目前高校有一个比较普遍的现象，那就是普通财务人员与具有高级职称的财务人员在经济待遇标准上存在较大差异。过于强化职称激励而弱化岗位激励，这在一定程度上打击了普通财务人员的进取精神。

2.用人制度存在失误

随着高校改革的深入，许多高校相继调整了财务会计管理中的用工制度，实行了职工制度、劳动合同制度和新员工年薪制度相结合的制度。然而，这

也存在许多问题。例如，新员工和合同工的基本工资与高校财务经理的基本工资非常不同。许多高校规定，新员工和合同工不是高校的正式员工，不应享受高校的所有福利。这些规定导致普通财务会计管理者缺乏动力，影响工作效率和质量。

第二节　建立健全高校财务人员激励机制

财务工作具有很强的专业性，财务人员素质的高低和工作热情的高低，对高校的财务工作和高校的发展会产生重要的影响，为此要进一步提高财务人员的积极性和主动性，推动高校财务管理工作顺利开展。现阶段，由于我国许多高校的财务人员激励机制存在漏洞，这在一定程度上限制了高校的长远发展。高校和财务部门要采取积极的措施，构建并完善高校财务人员激励机制。

要构建行之有效的财务激励机制，就必须有针对性地从构建竞争体制、完善收入分配制度、建立评价指标考核体系、物质激励与精神激励并重、注重环境激励、加强继续教育和提高财务人员的业务水平及职业道德等方面下功夫。

一、改变管理观念，构建竞争体制

高校的各级领导要加强本单位的财务管理意识，尽量建立健全公平、公正的竞争体制，为财务工作营造一个良好的工作氛围。

1. 在招聘时严格把关

在招聘财务人员时，要遵循"公开、公平"的原则，对应聘者进行严格把关。在确定新员工的分工时，采用竞争性用人的方式，使每个新员工都有机会找到最合适的财务岗位。

2. 采取积极有效的措施，调动全体财务人员的积极性

明确所有财务人员的岗位职责，细化所有人员的工作任务，积极开展周、月考核，准确记录考核结果，并以此作为年终考核的重要参考数据。

3. 充分发挥金融人才的潜力和创新能力

财务管理部门和领导要充分了解每一位员工和每一个人，鼓励财务人员参与会计部门日常管理，对会计部门重大决策提出意见和建议，增强职业幸福感和责任感。高校应赋予财务部门和财务人员更多的工作自主权和决策权，激发财务人员内部的工作积极性，更好地提高员工的服务意识，把财务管理提高到一个新的水平。

4. 创新工作设计，实际鼓励员工

针对财务人员工作中经常出现无聊或厌烦情绪的现象，可以适当拓展员工的工作领域，避免每天单一的机械化操作；在确保员工完成基本工作量的同时，让员工进行评估和自我评估，使员工能够正确认识到自己工作中的不足并积极改进；及时将员工工作成果反馈给个人，以激励员工下一阶段的工作。

二、切实完善收入分配制度

高校收入分配制度有四项功能，即高校教职工的生存和发展保障功能、对教职工的激励功能、对高校发展导向功能和促进社会发展的功能。进一步完善财务管理中的分配制度，要注重实现个人收入与工作业绩的挂钩，这样能够进一步提高财务人员的工作热情和工作积极性。在具体的执行中，有以下几点需要注意。

1. 尽量满足大多数员工的要求

在制订分配方案时，要完全公开，虚心听取每位员工的意见。根据财务部门的现状，尽量满足大多数员工的要求，使方案更具可操作性。

2. 根据高校的实际情况，制订科学合理的收入激励模式，优化分配结构

比如，要改变原有职级收入差距过大的现象，充分重视财务人员的工作绩效和平时绩效，把工作绩效和平时绩效与个人收入直接挂钩。提高新员工的工资标准，在福利支付方面同时给予他们关怀。

3. 合理公布财务人员的收入分配、工作表现和考核结果

合理公布财务人员的收入分配、工作表现和考核结果，使收入分配更加透明，避免幕后交易，让每个员工都意识到自己的个人收入与工资成正比，鼓励他们把工作做得更好。

4. 按时发放工资、奖金以及各种工作福利

高校和财政部门按时兑现员工的劳动收入，这将使员工更愿意工作。

三、明确岗位职责，建立考核体系

在高校财务管理实践中，明确财务人员的岗位职责和建立财务人员评价指标考核体系是不容忽视的两个重要环节。做好这些工作必将有助于管理工作的顺利开展，更能有效调动财务人员的工作积极性。

1. 明确财务人员的岗位职责

在许多高校，财务人员的工作职责不清、工作量越来越少、工作没有兴趣，这些直接导致工作效率低、服务态度差、人际关系不和谐等诸多情况出现。这表明明确工作职责的重要性。只有明确岗位职责，才能避免工作中的推诿、冲突和嫉妒。有一颗平常的心，才能有更好的服务态度和更高的工作效率。

2. 建立财务人员评价指标考核体系

考核不仅是一种激励机制，也是一种约束机制。通过考核评价，为财务人员素质的提高提供参考系数，形成正确的价值取向，将考核绩效与财务人员的岗位晋升和奖励分配挂钩，有助于提高财务人员的满意度和成功感。高

校要努力提高财务人员的积极性和创新意识，逐步形成自我激励、自我完善、自我发展的机制。特别是要对财务人员实行科学、公正的绩效考核制度，提高绩效激励效果。要根据财务人员的不同岗位、工作难度和参与程度，设置合理、差异化的定量和定性指标，对财务人员的工作绩效进行不同层次的评价，将考核结果与分配制度挂钩，形成绩效考核与激励机制的良性互动。

四、物质激励与精神激励双管齐下

物质激励与精神激励对应的是人们对物质需要和精神需要的追求。物质需要是人类的第一需要，是赖以生存的基本保障，所以无论何时都是一种有效的激励机制。物质激励通常多以加薪、奖金、福利等形式来表现；而精神激励多以表扬、晋升、先进、认可等形式来表现。人只有在物质满足的基础上，精神激励才会有效。

1.正确处理好物质激励与精神激励二者之间的关系

物质激励是基础，决定员工基本需要的满足程度，同时影响其精神需要的满足情况。精神激励是根本，体现员工自我价值的追求和实现程度。只有正确处理好二者的关系，达到最佳结合，才能有效发挥激励作用。

2.物质激励与精神激励齐头并进

长期以来，高校的财务人员晋升机会少，晋升空间狭窄，缺乏科学合理的奖励分配制度，大大弱化了物质激励与精神激励的效果。因此，高校应当适当考虑财务人员工作的特殊性，制订合理的物质激励机制；同时增强财会部门内部晋升机会和空间，为那些业务能力强的员工创造条件，提供走出去的机会，到其他部门任职，达到精神激励的效果。

五、提供成长环境，营造工作环境

环境激励可以在一定程度上改变员工的工作行为和工作态度，从而提高工作效率。对于财务工作人员来说，良好的成长环境和和谐的工作环境至关重要，对他们未来的发展和当下的工作都将带来诸多益处。

1. 提供良好的成长环境

为了营造良好的财务人员成长环境，高校和财务部门要牢固树立尊重知识、尊重人才的理念，肯定财务人员的劳动成果，鼓励财务人员积极地探索新知识，对财务人员的创新管理理念提供支持和指导。要定期对财务人员进行专业知识培训，为他们提供更多的学习和进修机会，并对积极利用业余时间学习的财务人员给予一定的补助，对成绩突出者给予物质和精神的双向奖励。要充分了解每个财务人员的个性化需求，为其职业规划提供合理的建议，并对财务人员的晋升提供正常的渠道，促使财务人员在努力工作中实现自我价值的突破。

2. 积极营造和谐发展的工作环境

高校管理者应完善财务人员的用人机制，开展公平竞争，人才流动，不断将业务素质过硬、综合素质高的人员充实到财务队伍中，确保人员与工作量呈现同比例发展趋势。同时制订科学的人事管理和分配制度，切实保障员工的利益。另外，财务部门领导者还应关注办公条件的改善和培养良好的亲和力。办公地点整洁明亮，硬件设备投入充足，这样可以使员工处于舒适便捷的环境中，从而缓解工作中的压力和不满情绪。而良好的亲和力有利于管理者和被管理者的信息沟通，建立融洽和谐的工作气氛。

六、加强继续教育，进一步提高业务水平

在构建高校财务人员激励机制的过程中，加强继续教育、提高业务水平和培养职业道德是非常重要的，必须将其纳入机制建设当中。

1. 注重财务人员继续教育，建立多元化的继续教育体系，选择灵活多样的教育方式。

继续教育体系的多元化可以激发财务人员的学习积极性，积极参与继续教育，提高财务人员的综合素质。财务人员继续教育的目的是提高员工的思想和业务素质。在知识经济时代，高校的发展需要具有多样化知识结构和创新能力的复合型会计人才。因此，继续教育的内容和形式应该从单一的理论说教模式转变为多样化和灵活性的模式。在教育内容上，要拓宽知识面，丰富专业内涵，既有理论教学，也有实践案例分析，还可以进行经验交流、专题讨论、知名专家论坛等。在教育方式上，既有集中教学，也有培训交流和现场调研。

2. 提高会计人员的专业水平

高校应采取多种方式和激励措施，鼓励财务人员积极参与各种继续教育培训和学术培训。同时，还应鼓励他们学习一些金融、法律和办公自动化（Office Automation，简称 OA，是将现代化办公和计算机技术结合起来的一种新型的办公方式）方面的知识，以提高金融人员的专业水平和职业道德。有的高校领导虽然并没有阻止财务人员参加教育培训，但总是担心参加培训后会有人离开，这大大降低了财务人员的工作积极性和热情。财务发展迟缓和服务意识淡薄、师生缺乏积极性、缺乏科学的评价体系等一系列问题，导致高校员工能力提升缓慢、绩效不科学等问题。因此，高校应通过各种有效的激励手段，提高财务人员的工作积极性和工作热情。财务人员的工作质量直接影响到高校的财务决策、领导决策乃至外部工作形象。

第七章　高校财务绩效评价实务

随着我国高校教育改革力度的不断加大，高校的办学资源和可以自己把控的资源也发生了很大的变化，不再是过去由财政统一进行拨付，而是变成了更加多元化的投入。高校的财政情况也因此变得更有挑战，很有可能会因错误评估资金而不能合理配置高等教育资源的情况发生。本章从分析现行高校财务绩效评价指标体系的缺陷入手，给出构建高校财务绩效评价体系的实务操作指南，并介绍以绩效评价为核心的高校财务分析指标设计，以期有助于对高校财务绩效进行有效评价。

第一节　高校财务绩效评价指标体系现状分析

教育部曾制订过相关的财务状况分析和综合评价分析指标体系，从高校的财务状况、财务运行绩效、财务发展潜力、综合财务实力等方面对高校财务工作进行分析和评价，以便发现问题并加以解决。但随着我国高等教育的迅猛发展，我国各高校的财务绩效评价体系尚在不断的探索阶段，各种财务激励体系和约束管理体制等还不够健全，主要存在以下问题。

一、对高校财务绩效评价存在认识误区

当前学术界和高校对高校的财务绩效评价存在一定的认识误区。

1. 认为高校的财务绩效评价应该重视价值取向，而忽略了对效益和效果的评价。

这造成对高校财务资金缺乏有效的追踪问责机制。高校在重视财政资金不断增加的过程中，严重忽视了资金的使用效果。

2. 高校在财务绩效管理与评价方面存在制度性缺失

高校重投入轻产出、重分配轻监督的思想观念严重制约了高校的财务绩效评价体系的构建。这造成高校的教育资源配置严重不合理，同时也造成高校财政资金使用效率严重低下。

二、高校部分财务绩效评价指标不科学

在高校具体的财务绩效评价指标体系的指标设计过程中，存在许多不科学的地方。

1. 高校的财务绩效评价指标不全面

这造成大部分指标只包括财务信息，而忽视了对非财务信息相关指标的确定，导致高校财务绩效评价指标体系的不合理和不完善。

2. 高校的财务绩效评价指标的确定缺乏科学合理的分析

高校财务绩效评价指标的确定往往缺乏教师意见和专家意见，缺乏广泛、深入的调查研究。这造成了指标的层次过高或过低，不利于全面、真实地评价高校财务绩效水平。

三、缺乏科学、合理的财务绩效评价体系

由于传统教育理念的制约，我国各高校对网络系统和新型高科技产品的掌握不够熟练，缺乏健全、规范、完善、合理的财务绩效评价指标体系，因而制约了高校各种体系配套改革的发展，具体表现在以下四个方面。

第一，我国不同地区的不同高校，采取不一样的会计核算方法和核算软件，造成了高校在基础数据方面缺乏统一性。

第二，高校对财务绩效评价体系指标的确定缺乏统一的、公平的判断依据，造成高校财务绩效评价指标体系的确立缺乏可操作性和适用性。究其原因，面对我国不同高校投资主体的差异和利益的复杂性，造成了高校的财务绩效评价指标存在一定的复杂性，不利于确定高校财务绩效评价的具体评价指标。

第三，高校以培养人才为主要目标，而对人才的评价难以实现量化，这方面的投入与产出无法用货币来简单表示，因而造成了高校绩效评价指标的不确定性。

第四，高校在教育基本情况、教育资源配置等方面存在不确定性，造成财务绩效评价指标难以确定。

四、缺乏必要的法律支撑和完善的监督机制

当前，高校在进行财务绩效评价指标体系的构建过程中，不注意监督机制和法律支撑体系，造成了高校财务绩效评价体系的构建，缺乏良好的制度环境和组织环境。

缺乏健全的法律保障，使绩效评价体系和绩效评价标准难以实施。由于缺乏动力支撑，严重影响和制约了高校财务绩效评价指标体系的进一步开展和整体效能的发挥。

缺乏有效的监督机制，影响了高校绩效评价结果的真实性和有效性，不利于评价结果的及时反馈与纠正，制约了高校财务绩效水平的提升，影响了高校教育资源的优化配置和教育资金使用效率的提升，造成不必要的教育资源浪费和低效率现象。

五、财务分析方式和绩效评价方法存在缺陷

现行高校财务绩效评价指标体系的缺陷，主要体现在财务分析的方式方法不完善和绩效评价方法主观性强两个方面。

1. 财务分析的方式方法不完善

目前许多高校仍然以简单的比较分析法为主进行财务分析，并且分析的对象单一，主要以大收大支为主，不能综合运用趋势分析法、因素分析法和动态分析法等方法解决多维度问题。另外，对于高校大量的专项经费的财务分析较少，而且绩效评价工作也不完善。

2. 绩效评价方法不完善

一方面，评价使用的高校财务基础数据缺乏，大多学者进行分析使用的数据基本都是从教育等部门搜集的，而这些数据都是各高校未进行任何审计的前提下上报的，可能有较大的误差。另一方面，现行评价标准及评价指标权重大多是评价专家根据自己的经验确定的，主观性及随意性较强。

第二节　建立健全高校财务绩效评价体系

由于现行高校财务绩效评价指标体系已不能适应高校财务管理发展的需要，高校必须确定高校财务绩效评价的内容，继而建立健全高校财务绩效评价体系。本节探讨确定高校财务绩效评价的内容、高校财务绩效评价体系的原则、高校财务绩效评价体系的构建等议题，以期为实务操作提供指南。

一、确定高校财务绩效评价的内容

根据高校财务绩效研究对象的范围及内容不同，可将其分为资金筹集能力的相关指标、资金使用绩效的相关指标、财务综合实力的相关指标、高校可持续发展能力的相关指标四个方面的内容。

1. 确定融资能力的相关指标

高校的融资能力在一定程度上可以反映高校筹措资金的能力及努力程度，反映高校自身发展的实力，反映高校的整体经营状况和财务管理水平。在当前市场经济体制和教育改革的背景下，国家已经逐步减少了对高校的资金投入。在这样的形势下，高校自身融资能力的重要性就显得尤为突出。融资能力的相关指标包括高校自筹收入、高校自筹资金增长率、资金自给率、教学活动总收入、高校自筹收入占总收入的比例、自筹基本建设资金占基本建设资金的比例。

2. 确定资金使用绩效的相关指标

所谓资金使用绩效，就是根据投入产出比较原则和社会经济效益评价原则，全面、系统地评价高校财政资金运行的效率、效益等各种产出形式，客观真实地反映高校各项流动资金取得社会效益和经济效益的趋势。资金使用绩效的相关指标包括师生比、生均教学仪器设备费、科研收入、教师人均科研经费、毕业生就业率、资产创收率、教学设备的利用率、科研成果收益、经费总支出占经费总收入比率、生均教育事业费支出等。

3. 确定财务综合实力的相关指标

所谓综合财力，是指高校通过政府或自筹获得资金的能力。综合财务实力的相关指标包括净资产占资产总额比率、教学活动收入年增长率、年度收支比、高校总经费收入、年末净资产总额、生均占用校舍面积、固定资产增长率、固定资产总额、国家或地方的拨款等。

4.确定高校可持续发展能力的相关指标

高校可持续发展能力就是高校的财务发展潜力。高校可持续发展能力的相关指标包括校产经营收益年增长率、资产负债率、高校融资收入占银行存款平均余额的比重、高校投资收益率、负债收入比率、基建投资竣工率等。

5.确定高校财务绩效指标

这项指标是一个比较复杂的评价体系，其中涉及了多个评价指标要素，包括盈利能力、运营能力、偿债能力、抗风险能力。盈利能力所要考察的是经济增加值和销售利润增长率。运营能力是能使企事业单位资产管理逐渐加强，从而可以提高资产使用效率，增强盈利能力。偿债能力体现的是企事业单位的财务状况和经济实力。抗风险能力指的是企业抵御一些不确定因素带来的坏结果的能力。财务绩效是企事业单位战略及其实施和执行是否正在为最终的经营业绩做出的贡献。（关于"确定高校财务绩效指标"一题，可参阅本书第七章第三节，此处不赘述）

二、高校财务绩效评价体系的原则

高校财务绩效评价指标要尽可能做出一套满足不同需要者信息需求的指标体系，要注意几种评价指标的兼容和统一来保证信息资源的共享。系统在构建过程中，可以建立一套各有侧重又相互联系的指标体系，不能局限于单一的指标进行评价，还要在构建过程中不断修订和完善，让高校财务管理的总体水平更加明确地反映出来。具体来说，需要遵循如下四项原则，才能保证所建立的评价体系的科学性。

1.遵循科学性原则

科学性原则是建立在高校财务绩效评价体系基础之上的。建立高校财务绩效评价体系的过程应遵循科学性原则，就是在建立评价体系以及财务绩效评价方法的使用过程中，应采用科学的分析方法，防止评价结果的片面性。

2. 遵循可比性原则

所谓可比性原则，就是选定的评价指标应在一定的范围内具有可比性。也就是说，不仅要在纵向范围内比较高校的现在和过去，还要在横向范围内与其他类似高校进行比较。只有通过高校与指标的比较，才能真正体现评价的意义。由此可见，指标之间的比较在高校评价体系的建立中起着非常重要的作用，即指标的建立应在统一核算范围和相同数据基准的基础上进行量化和比较。

3. 遵循整体优化原则

所谓整体优化原则，就是评价指标的选择能够充分反映高校整体财务运行情况，更具代表性。通过专家调查，可以选择一些常用指标作为评价体系的指标，并正确划分索引级别。在每个层次的指标中，应该选择尽可能多的不相关或相关系数小的指标。在设计问卷时，要注意整体把握，突出重点，强调指标之间的相互独立性，即体现整体优化的原则。

4. 遵循可控性原则

高校财务绩效指标的可控性是指数据的真实性和可靠性，也就是说，评估人员可以控制被评估的财务部门及其提供的财务数据。任何财务数据都必须遵循可控性原则，才能具有实际意义。否则，欺诈和使用虚假数据将使任何评估变得毫无意义。

三、构建高校财务绩效评价体系

通过高校财务绩效评价，可以达到全面、系统、准确、客观地反映高校自身财务状况和经营管理情况的最终目的。通过财务绩效评价体系的构建，可以根据体系所得到的结果掌握高校的财务的运行状况，发现存在的问题和漏洞，改善管理和提高效益，对实现高校的内涵式发展具有重要作用。为此，高校需要构建财务运行绩效指标体系、财务综合实力指标体系、财务发展潜力指标体系、绩效跟踪监督落实机制和绩效评价制度体系。

1. 构建财务运行绩效指标体系

我国高校教育事业改革促进了高校教育资金来源的多元化，但高校传统的效益评价已不能服务于现今社会的发展，因此新的全面绩效评价体系应运而生。如今我国各高校教育资金多元化的格局加大，这就要求高校财务绩效评价体系必须量化，同时评价指标必须具有可操作性，因为财务绩效评价不仅是经济效益评价，也是财务运行绩效的综合评价。

开展财务运行绩效综合评价工作，要从投入产出对照着手，来确定财务的社会效益评价指标和经济效益评价指标。财务运行绩效评价体系的功能，主要应包括科研服务收入增长率、高校人均科研经费增长率、年度固定资产增长率、设备使用率、科研成果使用成功率、学位获得率等一系列功能。

2. 构建财务综合实力指标体系

政府拨款和高校筹集资金的能力反映了高校自身的综合财务实力。高校的知名度及人才培养质量，也客观地反映了高校在开办校办企业、科研项目、科技咨询服务等领域的自筹资金的能力。

高校的财务综合能力的评价，应该反映出高校的财务总经费的数量大小，进而得出高校的办学实力、未来发展潜力等。高校的财务综合能力指标的构建，一般包括教学服务收入、高校总收入、生均教学行政用房、高校年末资产总额、专任教师中博硕比率等方面。

3. 构建财务发展潜力指标体系

所谓高校财务发展潜力，指的是从财务风险的视角来反映与评价高校的资产负债及承受能力。在高校的财务发展过程中，负债多少和偿债能力大小都影响着财务绩效水平的高低。高校作为非营利性的事业单位，筹资是发展过程的必经之路，多元化的筹资模式是高收益的必然条件，而高收益的产生必将伴随着高风险。

在各高校中，财务发展潜在能力的高低，是由高校各项指标的完成率来决定的。这些指标包括高校年度外借款总数占校年度总收入比、高校年终净储蓄占总支出比、高校年度收入和支出的比例、高校合计欠款额度等。在构建高校财务绩效评价指标体系的过程中，高校财务部门应该重视并完善财务绩效评价指标体系的构建，还应重视各部门资源配置、使用效率、对外投资收益和加强办学社会效益等的分析。事实上，教育事业的发展，需要教育资源配置不断优化，以及合理、科学、完善的高校财务绩效评价的指标体系。

4. 构建绩效跟踪监督落实机制

绩效的跟踪、监督和落实是高校的财务部门、监审部门、教务部门和科研部门等协同管理的，各部门要共同成立一个执行检查小组，小组组员要参与到各个环节的管理中。具体来说，要由执行检查小组组长安排组员到各部门开展工作，并对各部门的绩效预算执行情况进行定期或不定期的监督检查。检查结果的优劣将作为高校的系、部、个人的年度考核依据。

在工作中，执行检查小组不仅仅是监督预算资金的使用情况，还要监督预算资金是否合理、合法、合规。在本年度年末结算时，用于人数计算的日常经费可以结转至下年，其他的经费秉持本年预算经费在本年度使用的原则进行处理。

5. 构建绩效评价制度体系

绩效考评是对个人、各部门、各系的考评，在考评过程中，将个人的年终考评、聘期考评等作为重点考评方向。高校财务部门应在事前、事中、事后全程参与到绩效管理中，并注重对绩效目标与经费过程管理两者的相互结合，对预算编制、预算执行、决算三个支出环节整合成制度化管理，这将有助于资金运行质量的提高。事实上，事前、事中、事后的任何一个环节的制度性改进都能提高绩效考评的效果。

第三节　基于绩效评价的高校财务分析指标设计

以绩效评价为核心的高校财务分析是指高校财务管理者以国家相关财务管理办法、高校发展规划以及年度计划为依据，利用经费预算、财务报表和其他有关的数据，设计科学的指标体系，采用专门的分析方法，对某个时间段内的财务运行情况进行系统的分析评价。它是主管部门和管理层了解和评价高校现状、预测未来的重要依据，也是考核经济效益和社会效益的重要手段。本节围绕高校绩效评价探讨了高校财务绩效指标的界定及最新研究成果、基于高校财务绩效定义评价的具体内容、以绩效评价为核心的高校财务分析指标体系、运用平衡记分卡设计高校财务绩效评价指标等议题。

一、高校财务绩效指标的界定及最新研究成果

对于高校的财务绩效指标，当前并没有制定明确的概念，且对财务绩效指标的定义也不够统一。世界经济合作与发展组织（Organization for Economic Co-operation and Development，简称 OECD）曾经在一项有关高校管理的研究计划中将财务绩效指标定义为"一种用于测量部分无法数量化事物的数量价值"。英国大学拨款委员会在 1987 年将财务绩效指标定义为"其主要是向人们提供部分比较性的数据，尤其是提供部分和学校实际开支相关的数据，同时，还提供诸多的和办学评价相关的能够完善学校绩效方面的信息"，认为绩效指标主要是采用一种数量形式，对高校所开展的活动特征进行全面的测量，这一形式的测量可以呈现出多种特性。

事实上，高校绩效管理中用于财务的指标有很多，基于相关指标的财务指标体系主要有新《高等学校财务制度》（财教〔2012〕488 号）界定的财务

分析指标体系，以及目前高校使用的财务绩效评价指标体系。

新《高等学校财务制度》自 2013 年 1 月 1 日起已经开始施行，其中第六十九条明确了财务分析是财务管理工作的重要组成部分，要求高校根据财务管理的需要，科学设置财务分析指标，开展财务分析评价工作。财务分析指标主要包括反映高校预算管理、财务风险管理、支出结构、财务发展能力等 4 个一级指标、10 个二级指标。

对于目前高校使用的财务绩效评价指标体系，上级相关主管部门目前没有对高校财务绩效评价指标制订指导性意见，并且国内对这方面的研究也比较少。大致梳理一下国内对这方面的研究，主要有陈华凯、施建军等人建立的体系。

陈华凯、刘贵等人在《建立高校财务状况分析指标体系初探》中建立了高校财务综合评价指标体系。该指标体系包括支付能力、资金支配程度和资金动用程度等 3 个一级指标、8 个二级指标，主要是对高校资金使用的合理性、安全性和有效性的评价。施建军、杜元炳、李杰等在《高校财务评价体系研究》中建立了高校财务综合评价指标体系，首次较为系统地对高校财务绩效评价进行了研究。该指标体系包括总经费效益、事业发展成绩、科研成果、产业效益和对外服务等 5 个一级指标、19 个二级指标，它的侧重点在于高校的财务效果和财务效益两个方面。

相对于个人建立的体系而言，比较完整和系统的研究是 2000 年教育部联合南京大学开展的"高校财务评价指标体系"研究课题。课题组通过广泛的调查研究，在全面分析高等教育的基本情况、高校理财的宏观背景以及高校财务管理的基本问题的基础上，精选了反映高校的综合实力、财务运行绩效和财务发展潜力等 3 个一级指标、38 个二级指标。

上述高校财务指标体系在此不做过多介绍，有兴趣的读者朋友可以查阅相关资料进一步了解。

二、基于高校财务绩效定义的评价的三方面内容

利用高校财务绩效指标对高校财务绩效进行评价的主要目的，是全面评价教育资源在社会发展中的实际分配与分配效果，评价教育资源使用过程中所获取的实际效率，以及监督高校管理工作水平、管理效果等。

财务绩效评价，主要是在对组织的财务报表数据等有关情况进行计算、对比、分析的基础上进一步揭示财务状况、盈利水平、经营状况的一种分析评价方法。而高校财务绩效则是指投入一定的教育教学科研资金而产生的能用数量表示的效果、效率和效益等。效果可以用高校的最终科技与教学等各个方面的数量与质量来衡量；效率可以用取得的成果与投入资源的比例，反映资金的使用效率；效益可以用预期目的的实现程序与经济利益的实现情况来衡量。

基于高校财务绩效的具体定义，高校财务绩效的评价内容应涵盖以下三个方面：高校财务效果、高校财务效率、高校财务效益。

高校财务效果实质上是指高校为充分发挥其收入能力而进行的人才培养、科研成果和实际产出的数量和质量。需要指出的是，高校获得的收入实际上是资金的获取，具体体现在以下三点：其一，人才培养，具体内容是培养本科生、硕士生和博士生。评价指标中的核心评价项目实际上是指就业率和就业质量。其二，科学研究具体涵盖高校的科研成果、学术奖项和发表论文数量，能够充分反映高校的科研水平、技术发展和服务能力。其三，服务社会。高校的中心思想已经从传统的教学和科研两个主导方向转变为更适合社会发展需要的科研成果产业化新理念。高校要更加重视通过规模化生产，将高新技术成果逐步转化为各种高新技术产品，进一步推动我国经济建设的发展，把高技术人才的智力优势转化为有利于生产和发展的经济优势，从而促进社会的快速发展。

高校财务效率是指高校的财务使用效率。效率的高低直接影响着教学效

果和资金的使用潜力，也就是反映了高校各种教育资源的使用效率。具体来说，它包括以下三个方面：其一，人力资源使用效率，包括管理者、教师、后勤人员的合理安排和有效利用。其二，资金使用效率。学校应当及时、合理、有效地安排和使用教育经费，提高使用效率，比如购买科研经费、教材和学习设备等。其三，资产使用效率。学校应尽量避免购买一些闲置资产，并充分利用所购买的资产，发挥其最大效率，比如各种学习设备、书籍、研究仪器等。

高校财务效益，是指高校资金实际投入使用后，能够达到预期目标和经济效益的程度。高校既要充分发挥财务效益最大化的作用，又要提高财务效益。高校的财务效益主要包括以下三个方面：其一，教学效益，它反映了利用财务为高校发展带来的经济效益。教学效益的高低也影响着学校的教学水平。其二，工业效益。高校的财务效益不仅可以反映教学效益，还可以反映其他一些校办行业的经济效益。这些校办行业对高校的整体财务效益也有重要影响。其三，对外服务效益，主要体现对外服务和科研项目的经济效益。

三、以绩效评价为核心的高校财务分析指标体系

构建以绩效评价为核心的高校财务分析指标体系，需围绕绩效评价目标，并参考目前高校绩效评价的研究成果。本书从这两个方面中选取部分核心指标，即预算指标、财务运行绩效指标、财务风险管理指标、支出结构指标、财务发展能力指标、高校规模指标、人力资源指标、科研能力指标和对外交流指标，并将这些指标融合进财务分析指标之中，以便构建科学的、规范的、适用的以绩效评价为核心的高校财务分析指标体系。

1. 预算指标

该指标设有预算执行率、财政专项拨款执行率2个二级指标，反映高校预算管理水平及财政项目补助支出执行进度。

2.财务运行绩效指标

该指标设有自筹收入比率、事业收入增长率、拨款收入增长率、科研收入增长率、教职员工均经费收入、基建投资竣工率、校办产业上交收入增长率、校办产业资本保值增值率、固定资产增长率9个二级指标，反映高校经营状况和财务管理水平。

3.财务风险管理指标

该指标设有资产负债率、流动比率、收入负债比率、应收暂付占流动资产比率、总收支比率、校办产业资产负债率6个二级指标，反映高校的短期偿债能力和高校承受财务风险的能力。

4.支出结构指标

该指标设有人员支出比率、公用支出比率、生均事业支出、人均基本支出4个二级指标，反映高校办学效益。

5.财务发展能力指标

该指标设有总资产增长率、净资产增长率、固定资产净值率3个二级指标，反映高校资产的增值情况和发展潜力。

6.高校规模指标

该指标设有研究生在校人数、本科生在校人数、继教生在校人数、留学生在校人数、图书馆藏书量、实验室数量、校舍总面积7个二级指标，反映高校的教学规模和资源配置能力。

7.人力资源指标

该指标设有专任教师数、行政人员数、教辅人员数、工勤人员数4个二级指标，反映高校的人力资源配置情况。

8.科研能力指标

该指标设有科研机构人数、课题数量、获奖数量、科研成果数量等5个二级指标，反映高校的科研质量、数量以及科研方向。

9. 对外交流指标

该指标设有国内学术交流人数、国际学术交流人数 2 个二级指标，反映高校的学术水平、高校教育的国内知名度和国际化的程度。

最后需要指出的是，对于上述各项指标，高校可根据自身现状和发展情况予以增减，也可以参考国家教育质量评估的指标自行设置。

四、运用平衡记分卡设计高校财务绩效评价指标

高校财务绩效评价体系是一个多层次、复杂的系统，在高校运行过程中应综合考虑高校财务效果、效益及效率进行评价指标的确定，同时，结合高校自身实际情况，客观确定各指标的权重，从财务与非财务角度全面反映高校财务绩效综合水平。

高校财务绩效评价指标体系的建立，应以绩效评价目的为依据，遵循指标体系设计的原则。为此，这里探讨基于平衡记分卡的高校财务绩效评价指标设计。

平衡记分卡（BSC）的核心思想是以"财务"为核心，实现绩效评价与财务目标的结合。按平衡记分卡的核心思想做高校财务绩效评价指标设计，应分别从高校实力、教学绩效、科研绩效、资产绩效与产业绩效五个方面来进行。

具体过程是：先将高校实力、教学绩效、科研绩效、资产绩效及产业绩效五个方面作为一级指标（或称为"子目标"），再将各一级指标的考核内容分解为二级指标。如果二级指标还是不可测量，那么就必须再依据评价目标对二级目标进行进一步分解，直至分解到目标具有可测性为止，从而形成评价指标体系。接下来，在以上分解的基础上，通过对财务绩效评价实践的研究，借鉴国外先进的评价方法和经验，在一级指标中构建出多个指标，由此形成财务绩效评价指标体系。

各个一级指标所包括的内容具体如下。

高校实力指标包括生均总经费收入、国家经费拨款占总经费收入的比例、教职员工均获取经费额、经费自筹能力（经费自筹能力可进一步分解为高校自筹经费收入占总收入的比例、高校自筹经费年增长率、自筹基建经费占基建经费的比例）和捐款及赞助收入占总经费收入的比例。

教学绩效指标包括教师教学比重（教师教学比重可进一步分解为师生比、专任教师与教职员工的人数的比重）、生均事业支出、教育支出与事业支出的比重、学生生均设备支出、教职员工均获取经费额、教学活动收入年增长率、人员经费占总支出的比例和高校年度收支比。

科研绩效指标包括教师人均科研经费、科研活动收入情况（科研活动收入情况可进一步分解为科研活动收入占总经费收入的比例、科研活动收入年增长率）和科研成果收益率。

资产绩效指标包括固定资产情况（固定资产情况可进一步分解为固定资产年增长率、专任教师与教职员工数的比重）、仪器设备利用率、资产创收率、高校融资额占银行存款余额的比重和高校其他对外投资收益率。

产业绩效指标包括校办产业上交及经营收益年增长率、校办产业投资收益率、校办产业资本金利用率和校办产业资本保值增值率。

第八章　高校财务中报账对账工作实务

本章探讨高校财务报账和财务对账的工作实务。财务报账是通过财务编制等方式将企事业单位的财务及运营状况通报有关部门。财务报账是高校管理好教育科研经费支出的第一道防线，改进报账方式对高校财务报账和财务管理至关重要。财务对账就是核对财务账目，它既需要财务人员之间的相互配合，更需要银行与高校财务的密切配合，以保证财务信息的真实准确可靠。做好财务报账和财务对账的管理工作，才能最大限度地降低高校财务风险，真正实现高校财务内部控制的目标。

第一节　现行高校财务报账存在的问题与解决措施

财务报账指在记账和算账的基础上，通过财务编制等方式将企事业单位的财务及运营状况通报有关部门。财务报账是高校管理好教育科研经费支出的第一道防线。随着高校的学院、系数量和种类的不断增加，目前高校各部门投入的经费也在逐渐提升，同时科研数量的增多，使得各高校的财务管理工作日渐复杂化、多样化。在报账工作政策性强、工作量大、业务烦琐的实际情况下，如何完善当前的报账系统、保持报账的正确性和及时性是现在每个高校财务工作者普遍面临的问题。

一、现行高校财务报账方式普遍存在的问题

财务报销的一般流程是报销人在经济活动中取得真实合法的发票，并按照财务规定合理粘贴发票。每张发票由领导审批签字、经办人和验收人员签字后，交财务部会计岗审核签证。制单后，需要对记账凭证进行审核，审核后由出纳岗办理付款手续。与一般流程相比，高校财务报销流程烦琐复杂。

目前，高校普遍实行的报销流程和制度是：二级报销人员或部门科研人员在税务局或财政局的监督下收集原始凭证，分类粘贴，填写报销单，注明金额、支出项目数和原始凭证数，用文字和数字表示，经办人和收入检查员签字，报所在部门资金审批负责人并加盖公章；经财务部负责人签字后，在财务部《资金指标使用簿》中填写报销单，并与审核人约定报销时间；根据年度预算执行情况，经审核人批准后，分类汇总，编制会计凭证，打印凭证，并与报销人员核对本次报销的编号；出纳负责办理名片、支票、转账等结算手续，单项支出超过 1000 元的，以支票支付；财务复核人员对凭证进行复核。

从实际情况来看，目前高校财务报账方式普遍存在如下问题：

1. 报销人不熟悉财务规章制度，报销信息不对称

信息传播范围、信息理解和信息透明度对报销业务的顺利发展起着非常重要的作用。然而，许多报销者尤其是教职工和课题研究人员通常忙于教学和科研，几乎没有时间在校园网上浏览相关政策和流程，导致报销工作难以一次通过，多次往返于财务部门，多次更改报销表，增加了财务报销人员审核业务的时间成本，降低了财务工作效率。此外，国家财政政策的不断变化，高校财政体制的不断更新，也是造成报销信息传递不畅的因素。报销者对财务政策信息的不及时理解也导致了报销信息的不对称。

例如，从 2018 年 1 月 1 日起，增值税专用发票、增值税普通发票、"货物或应税劳务、服务名称"等栏目应使用"简称"。有的公司没按要求开发票，报销者对发票新政策又不了解，对方给开什么发票就收什么发票，结果

拿着发票到财务来报账，因为发票不符合规定，财务人员不能给予报销。报销者的处理办法只有换发票或者不报销这张发票，由于不了解财务政策，给自己带来了麻烦。有的报销者觉得财务人员不给报销是在为难他们，心生抱怨，其实是报销者对国家政策不了解，财务信息滞后，这样造成"报账难"的现象。

2. 财务信息沟通不及时

造成报销问题的原因不仅是报销者没有及时了解财务政策的变化，而且高校财务人员没有及时沟通财务信息的变化。高校财务部门未设立专门人员对报销者进行财务规章制度的宣传，报销者只有亲自到财务部报销，才能慢慢了解财务信息的变化，信息不对称导致财务信息缺乏及时传递。高校教师往往更注重教学、科研和管理，对财务信息的了解较少，主动获取信息的意识相对较弱。同时，教师往往会随着学生毕业或行政职位的变动而变动，也使得财务信息无法及时传递和接收。

3. 高校财务人员稀缺，报账等待时间长

随着国家对科研事业支持力度加大，投入科研经费剧增，财务报销工作繁重，但是财务人员相对短缺。另外，报账时间分布不平均造成工作量在一段时间内激增，大量报账业务集中在同一时间，使得财务人员的工作负荷激增，对于报账工作的产出数量及质量造成了一定影响。例如，A 高校的会计人员一共 7 人，2021 年科研经费来款 4 亿多元人民币，每天到财务处报账的人很多，尤其期末封账前报账的人特别多，整个财务大厅都挤满了人，大家排长队等待报销。会计人员对每张发票都需要认真审核，审核签字和发票是否符合规定，核算差旅费补助等，审核程序复杂，通常耗时较长。赶上年底封账前或者项目结项前，报账人多的时候要等一两个小时，所以报账人经常抱怨科研教学任务繁重，报账等待时间长，影响到他们的教学科研工作效率，导致对于高校财务报账工作满意度降低。

4. 报账工作量日益增大

现在高校资金来源越来越广泛，越来越多元化，报账科目也越来越复杂。例如，在经费来源上除了国家财政、市财政、市教委直接拨款的上级补助外，还有各院系举办培训班的学费收入、科研经费的收入、社会捐助、后勤产业化的收入等。财务报账人员不仅要对原始凭证的张数、金额的真实性和准确性进行审核，还要对报销单上经办人、负责人的签字及公章的手续进行把关，甚至要对不熟悉报账流程的报销人详细地解释和说明，从而造成了报账工作量的增大，进而形成了财务处无时无刻不在排大队等待报账的状况。

5. 报账人找领导审批签字难

通常而言，高校经费分为科研经费和事业经费，事业经费包含教学经费、学科经费、基金及其他事业费，经费种类繁多。许多高校实行"一支笔"签字制度。以 B 高校为例，报销发票都需学院、部处负责人签字，超过 1 万元需财务处长签字，超过 3 万元需职能部门签字，超过 5 万元需分管校领导签字，超过 10 万元还需主管财务的校领导签字。高校根据需要会经常购买一些设备，一台大型仪器设备需花费几十万元，发票需要找至少 4 个领导签字，然而找领导签字非常困难，因为这些领导身兼数职，他们经常出差调研、参加会议，报账人经常找领导签字就要跑好几趟，这成为报账人觉得"报账难"的原因之一。久而久之，形成了对于财务报销报账等工作的逃避心理，总认为这一工作较为烦琐、耗费时间长。

通过探讨不难发现，高校财务报账中存在的问题主要是报账人对财务规章制度不熟悉、财务信息传达不及时、报账等待时间长、报账工作量日益增大、报账人找领导审批签字难等。针对这些问题，高校应改变传统财务报账不合理的方式，努力提高财务人员的业务素质，从而为高校的发展提供坚强有力的经济保障。

二、解决现行高校财务报账问题的具体措施

关于解决现行高校财务报账问题的具体措施,读者朋友不妨先回忆一下本书第二章第三节讨论过的"网络报销"议题。其实,除了第二章已经讨论过的"网络报销"外,还有其他的方式方法可以采用。这就是本节将要讨论的内容,这些方式方法也是解决财务报账实际问题的切实可行、行之有效的具体措施。

1. 定期宣传财务制度

国家、各省市不定期出台的新财务规章制度,高校财务管理办法也要及时更新。报账人不能及时了解掌握新的财务政策,财务处最好每周定期走访各院,对报账人进行培训,及时宣传财务制度,让报账人对财务管理办法及时了解掌握。这样可以避免报账人因为不明白财务政策而开错发票、重复跑财务处报销等问题,也从根本上解决了报账人认为报账难的问题。对于更细的财务制度相关信息,财务处可以积极采取网上通知、开会通知、微信通知等多种形式,更好地实现财务制度的宣传和通知,保障规章制度真正落到实处。

2. 培训二级报账人员,增强财务信息透明度

二级报账人员对政策规定的了解及对报账业务流程的熟悉程度,在很大程度上影响着报账是否能够顺利完成。而从总体上来说,报账人员的财务专业知识水平较低,对政策性文件了解得也不够全面。二级报账人员在把票据送往财务处之前预先审核,检查手续是否齐全,该笔项目是否可以列支,这样就可以提高财务处审核的速度与质量。

财务部门可以根据实际情况,适时举办一些政策变更的宣讲会、财会知识的小讲座,普及报账制度及流程,继而提高二级报账人员的专业知识,从而提高工作效率。为避免因提供无法报账的票据、相关手续不齐全的原因而造成的问题,报账流程及相关政策要做到透明化。并且还应根据实际情况,

制订适合本校的流程及标准，通过校园网等途径，加大相关知识的宣传力度。也可以将规范的样本作为范例放置于财务处醒目的地方，以供参考。还可利用现在较为流行的微信、微博等方式，构建交流平台，及时解答师生在报账环节中遇到的问题。

3. 优化报账程序，均衡报账人流量

要完善报账排号体系，科学分配报账工作，减少等待时间，开发相应的报账网上预约系统，由专人管理，连接数据，及时更新排队报账人数，均衡报账人流量，从而提高报账的质量和效率。要设立专项业务报账时间，有些简单的报账业务并不繁杂，需要的手续也较少，例如，教职工探亲路费、婚丧补助、独生子女奶品费等。单独设立报账时间可以减少报账人员的现场等待时间，避免和常规报账工作相叠加，分流报账人流。要想办法均衡报账人流量，错峰办理业务，如教职工的借款、暂付款等冲账工作应回避月初、月末报账的繁忙时期，可在月中集中办理。而年终、月末拿着大量票据一起报账的教职工属于"非理性"的消费群体，财务处应合理调配人力，预约好审核、制单、支付的时间，完成此部分教职工的报账业务，同时也不影响日常部门、院系的报账工作。

4. 使用 OA 系统办公软件，提高签字审批效率

办公软件的普及大大提高了办公效率，报账人可以通过办公软件向领导请示审批签字，领导审批签字可以随时随地，不受时间、地点的限制，可以节省双方宝贵的时间，提高报账工作效率。同时，系统化的保障也有助于提升报账的准确性和科学性，防止发生人工报账出现的核查不清等问题，在日后进行财务审核和项目审核工作中，也可以直接调取网上预约和处理的相关数据，实现效率质量的提升。

5. 提高财务人员的素质和服务质量

在提高财务人员的素质方面，财务人员要善于调节和控制自己的情绪，保持良好的心态，适当地与教职工进行交流，缓解报账人员等待核算时焦虑

不安的情绪，并注意沟通的方式、方法与技巧，取得大家的理解，进一步提高师生的需求满意度。同时，还可以定期举办财务人员的工作探讨会，解决各岗位在平常报账工作中遇到的问题。不定期地向其他兄弟单位进行调研、学习，积极吸取他人的先进经验，努力提高工作效率。

在提高财务人员服务质量方面，财务工作人员首先应当明白，为报账人做好服务是自己的服务宗旨，做好财务报账工作的首要任务是提高服务质量。比如，要按照财务规定，报账人来财务处报销应自行粘贴好发票，有的报账人不会粘贴发票或粘贴的发票不符合财务规定，财务人员应该给予耐心指导，教报账人如何粘贴发票；报账人经常遇到发票不符合规定或者报销手续不全，财务人员不给予报销的情况，这时财务人员要向报账人耐心解释，告诉报账人现在还缺哪些材料，不要让报账人产生不满情绪。报账人前来报账时，财务人员应态度温和，做到服务周到，做到让报账人满意而归。财务人员应和各学院的老师和领导主动沟通，询问各院的领导和老师对财务工作的意见和建议，逐步完善报账工作。各学院和各课题组应设置专门的报账人员，财务人员对这些专门负责报账的人员进行报账业务培训及最新的财经法规宣传，帮助各部门报账人员尽快熟悉最新的财经政策及报账业务流程。

第二节　高校财务对账工作两大主体的实操指导

对账是指在会计核算中，为保证账簿记录正确可靠，对账簿中的有关数据进行检查和核对的工作，简而言之，对账就是核对账目。高校对账工作需要银行与高校财务的密切配合，更需要财务人员之间的相互配合，才能使对账工作真正起到监督的作用，才能保证高校货币资金的正常合法运行，保证会计信息真实准确可靠，真正实现高校财务内部控制的目标，最大限度地降低高校财务风险。

一、银行：确保开户单位资金安全，真实反映债权债务关系

在对账过程中，银行有责任对开户单位的资金安全提供应有的保障，并明确债权债务的关系，以确保会计资料的真实完整。银行与开户单位在对账时已不再采用传统的对账方法，而是采用新的现代化对账方式，目的是可以更有效地规避风险的产生。为了达到这个目的，银行在对账过程中要注意以下事项。

1. 银行要让自己的职员深刻地理解工作的重要性，积极主动地从事对账工作。同时，要加强职员的风险防范意识，端正认真负责的工作态度。

2. 银行方面要指定专人主动上门与客户对账

首先，银行回单应及时送交客户，且做到回单信息清楚，不遗漏任何单据，要保证银行与单位能共同对上账的对账点达到一致。其次，一月终了，银行需将纸质对账单和电子对账单核对一致后，及时送交客户。最后，如果客户在对账完毕后，发现与银行相关的任何未对上账的问题，银行对账人员都要积极配合，及时处理解决好每一笔业务。

3. 为了防范银行对账人员作案的风险，银行要加强本单位的内控工作，对每笔业务的经办手续严格审查。对账工作人员必须定期轮换。银行记账、复核人员不能参与对账。

二、高校：选好与本单位财务系统匹配的银行对账管理系统

为了确保对账工作的有效进行，高校财务部门必须在对账之前选好与自己高校财务系统匹配的银行对账管理系统。除此之外，高校的所有财务人员都要有很强的风险防范意识。

1. 在对账开始之前，高校财务部门要选好与本单位财务系统匹配的银行对账管理系统。

银行对账管理系统是指定期将银行对账单与高校银行存款日记账的记录逐笔核对。如果金额和结算单号一致，"单位已收"与"银行已付"，"单位已付"与"银行已收"，即可自动对上。如果没有结算单号，就凭金额和摘要进行手工对账，发现其中有未达账项，即"银行已收"单位未收、"银行已付"单位未付、"单位已收"银行未收、"单位已付"银行未付的情况，就需要将账单余额调整一致，编制银行存款余额调整表。

银行对账管理系统的特点如下。

第一，功能全面。

银行对账管理系统加强了对账条件功能的设置，财务人员通过该系统能够轻松、严谨地完成对账工作。

第二，正确率高。

如今的对账已不再采用传统的手工对账方式，因为传统的手工对账弊端较多，错误率也相对较高。所以银行对账管理系统的应用，能够让财务人员的对账工作准确无误，也更加得心应手。

第三，信息共享。

基于网络的银行对账管理系统，能够充分体现网络互通共享的特性，可以有效实现用户信息实时同步，管理者也可以随时获取准确的对账信息。

第四，操作简单。

银行对账管理系统的使用，让对账过程更加快捷，操作也更加简单，准确率更高，同时也可以实现账单的逐笔核对。

2. 高校中所有财务人员要明白对账工作的重要性，同时各相关岗位员工都要加强风险防范意识，并且在对账工作中需要注意以下几点。

第一，财务人员要将审核做账作为财务业务的基础。

在收到银行回单时，要仔细观察回单上显示的信息。在输入时，时间、账号、摘要、金额和结算单号等信息都要保持一致。

第二，财务人员要做好复核工作。

复核是重复和监督审核的工作，使错误和风险尽量不发生。

第三，财务人员要使信息、票据完整。

在转账、出纳、收款、付款的每一个环节中，都应该认真复核每张银行单据，把单据未填全的银行信息资料补全，因为每家银行及同家银行的不同账户所用的凭证各不相同，所以要确保每个账户的银行凭证信息准确无误。

第四，财务人员要完成月清并复核确认。

记账工作是整个财务工作结转和安全稳定的基础，记账人员的工作就是在每月月末监督业务是否已经做好了结清处理，并由出纳人员递交给复核人员进行审核确认，最终完成复核确认工作。

第五，财务人员要对银行与高校两个相关系统的匹配负责。

在对账工作中，电算化人员的技术支持是保障对账系统匹配的重要条件，要对银行对账管理系统与高校财务系统的相互匹配负责，也要对高校电子对账系统与银行对账管理系统的相互匹配负责。

第六，财务人员要认真对账。

财务流程及财务对账系统是高校对账人员必须熟悉和掌握的，对账人员的工作与相关岗位的工作密不可分，要在做好单位与银行对账的基础上认真对账。随着电算化的不断发展，财务管理的加强，高校对账人员要对每一笔挂账业务做到及时查明并认真处理，这样才能有效避免问题的产生，控制风险的发生。

第九章 高校财务窗口高效服务实务

随着高校办学规模的扩大，多校区办学的情形非常普遍，于是因财务事项激增而带给财务人员的压力随之增大。报账人浪费大量的时间和精力去处理账务，领导对于频繁零星的审批签字也很反感，为此迫切需要探索一种方便高效的财务窗口服务模式，让众多的报账人通过财务窗口办理各项事务，包括政策咨询、账务及个人信息查询、索取相关凭证和报表等。面对数量巨大的服务对象和纷繁复杂的服务内容，高校财务服务窗口该如何应对？本章分析目前高校窗口报账方式，重点讨论如何构建高校财务窗口高效服务模式。

第一节 高校窗口报账模式现状分析

为了应对不断增长的财务事务，许多高校均做了有益的尝试，建立了自己的窗口报账模式。这些模式尽管能够起到一定的作用，但更多的是为了方便财务人员的需要，而对报账人的利益考虑较少。

一、目前高校窗口报账较为常见的模式

目前高校窗口报账较为常见的模式主要有如下三种。

1.开办多个宽敞的财务报账大厅，并要求报账人在规定的时间内将报销单据拿到财务服务大厅窗口，收单员对报账人的单据进行初步审核，初审合格后对报销单据进行编号，经办人在"报销接单记录本"上签字后即可离开现场，不再排队等候。财务人员在报销制单过程中发现不符合报销规定，或者需要报账人修正内容的单据，电话通知报账人再次来到报账大厅取回或者现场修正。

2.使用自动排号机。在排号机取号后在座位上等待，等着叫自己的号码，然后到指定的窗口办理财务业务。但由于窗口办理速度比较慢，报账人常常需要长时间等待，而且每天的人数总量也因窗口办事效率低而出现了人为的限制。

3.进行网上分类预约，并需要报账人在确定的时间点之前准备好所需的票据。

网约报账虽然为高校节省了一定的人力资源，但在实际运行过程中也存在以下不足。

第一，师生普遍对报账业务不熟，退单率偏高。

在实际操作中，网报系统需要报账人员对财务知识有一定了解，如报账时填写经济业务分类等信息。然而高校师生大都不了解此类操作，常常在此出差错。同时，不符合要求的报账单据将被财务人员退回修改，之后重新提交，如此反复。在此期间，不仅报账人反复修改浪费时间，且重新提交的单据又需要财务人员再次审核，制约了报账效率。

第二，分单不均匀，不利于模块化提升工作效率。

财务处分成收费、基建、薪酬、涉外等不同会计岗位，适当的专岗分工有利于提高工作效率以及准确性。然而网上报账系统的收单员只是把收到的不同类别的单据随机分发给各个会计，而且有时分配的单据数量不一，影响会计人员工作进程。

第三，网络报账平台建设不到位，各系统不能共享读取数据。

网络报账系统没有与资产管理系统、OA 办公系统数据共享，各管理信息不能相互利用。对于固定资产采购，报账人员既需要登入资产管理系统录入物品相关信息，还需要登入网报系统录入财务信息。

二、目前高校窗口报账模式的不足之处

由于财务窗口业务处理模式存在上述问题，致使参与其中的财务人员、报账人、审签人均有不满情绪。

1. 财务人员压力大

在整个报账过程中，财务人员由于长期处在高强度的工作环境中，容易心理压力过大，导致精神疲劳。这种情况的产生，会在工作时出现失误的现象，长期的紧张状态会致使财务人员产生暴躁的情绪，容易和报账人发生冲突。

2. 报账人办理业务费时费力

报账人由于不熟悉账务处理流程，容易出现错误；很多时间浪费在找领导审批签字的环节上，在多校区办公的情况下尤其显得特别费时费力（需要审批签字的环节多，不容易在自己空闲的时间点找到繁忙的审签人）；在财务窗口报账时，等待时间过长，甚至有时得跑好几趟（每天财务窗口限制人数上限以及需要多次补充完善资料等原因所致）；在收支时，如果使用现金，容易造成遗失和错漏。

3. 审签人左右为难

审签人如果与报账人相识，在审签的过程中可能会出现因人情世故导致违反制度的情况。遇到当面难以抉择的事项时，需要财务给予指导性意见，才能避免错误出现。工作的有利开展，需要杜绝一切不利因素。正常情况下，报账人需要自己找领导审批签字，在这种情况下，会存在一定的弊端及漏洞，比如原始单证被加塞、更换、涂改等。

第二节 高校财务窗口高效服务模式的构建

随着财务管理信息水平的提高，财务报账体制在不断地创新和优化，营造一个更加井然有序的报账环境，彻底解决报账难的局面，是进一步加强构建和谐校园建设、提高高校财务管理水平的关键举措。尤其是面对目前高校窗口报账模式存在的弊端，高校更应采取积极有力的措施，在改善窗口环境、实行无现金报账、建立网上自助报账系统、增强服务意识等方面下功夫。

一、增设咨询窗口，单证封闭运行

为了改善大厅报账环境，高校应增设咨询窗口。高校设立窗口咨询岗位，可使高校财务报账工作前移，方便了报账人员，提高了工作效率，节约了报账时间。咨询窗口负责各类业务流程的咨询工作，接听咨询电话，以及报账人领取涉及报账的相关单据等工作。咨询岗位需要全面了解高校各类财务规章，清楚各类业务流程，做好财务规章制度的宣传和解释工作；在履行咨询职责的同时，咨询岗位要接收、初步预审报账人网上自助报账的网报单。

财务单证内部封闭运行是一种较为完善的财务处理方式，它主要是由部门账务核算员将初审合格的单证递交到财务窗口。窗口财务人员再进一步对要素和形式是否完整进行审核，审核通过内容完善的单证并签署财务意见，退回内容不完善的单证。内容完善的单证分批、批量分送至相应的校级领导进行审批签字。签署"同意"的部分即刻返回财务部门进行账务处理，签署"不同意"或者需要完善资料补充的部分则退回相应部门，由核算员再次完善后重新进行报审处理。

实施财务单证内部封闭运行可以实现下述更为优化的目的。

1. 审批工作的过程对于报账人和领导来说都是一个费时费力的环节，当领导面对巨大的审批单时，因为工作繁忙，在不能及时处理的情况下，总会受到报账人的频繁打扰，报账人也疲于奔走在找领导的过程中。为了避免上述情况的出现，可以采用单证内部封闭运行的方式，从而顺利解决问题的产生。

2. 防止单证丢失

在报账人办理签字时，有时需要在多个地点走动办理，这就容易造成单证丢失。为了有效避免这种风险带来的麻烦，采取单证封闭运行的办公模式可以防止单证丢失的情况。

3. 在整个报账过程中，单证在个别环节可能出现被随意处理的现象，比如被涂改、更换、加塞、抽留和冒名签字等，这是一种犯罪行为。

这种情况的产生主要是因为单证在经过报账人时停留时间过长，导致处理空间加大，出现空子。为了避免这种情况的发生，我们只要将原始单证予以隔离，不给报账人弄虚作假的机会，就可以杜绝因流程疏漏而发生的上述犯罪行为。

4. 减少差错和误解

报账人在办理业务的过程中，常常使用各种手段对领导者进行各种错误的引导，致使领导者立场不坚定，产生错误的决断。而有的领导者在政策界限模棱两可时，本应听取财务审核意见，但是由于报账人使用了非正规手段，导致一些事项在时间紧迫的情况下逃过了应有的监督。而如果领导能够最大限度地减少报账过程中的差错和误解，多听取财务审核的意见，就可以有效避免上述情况的发生。

二、减少现金流转，实行无现金报账

高校财务部门在对资金支付的处理上，要求单证齐全、审批签字手续完整，并需要对资金结算的单证进行账务处理。处理的原则是：报账人在银行转账部分必须提供账号，然后由银行直接转账；现金部分，由财务部门开具现金支票到银行，由银行按照财务部门提供的清单转入个人公务卡（其中属于部门经费的，则转入部门账务核算员的银行卡）。现金的收入则由经办人或者部门核算员统一缴存到单位账户，尽量减少现金往来。面对诸如集中收取学杂费的情况，一般联系开户银行上门服务，由银行直接代收现金或者转账。

与现金流转方式相比，实行"无现金报账"方式，可以借助银行卡、网上银行等电子化工具进行资金流转，就可以相对地减少现金和支票业务的流动。在以后的工作中，教职工工资发放、学生奖学金发放、学费的收缴以及各种业务的结算等都可以实现电子化划转，这样可以使工作效率与服务质量大幅度提升。

三、建立网上自助报账系统并推广使用

为加快推进财务信息化建设，进一步为广大报账人提供优质高效的服务，财务部门应建立网上自助报账系统。网上自助报账系统通过网络实现，不受时间和空间的限制，可以为广大师生提供"全天候"报账服务。广大师生可以随时在办公室或家中登录网上报账系统，录入报账信息，报账人将网报单和相关原始凭证交到财务部门，经财务部门接单人员初审后即可持回执离开，后续的审核、复核、银行转账等工作都由财务人员处理，报账人无须到报账大厅排队等候，更为方便快捷。审核人员对网报单和相关原始凭证审核纠错后，自动生成记账凭证，经复核人员复核无误后，将由出纳人员直接支付报账金额到报账人指定的银行账户上。自助报账系统按照高校财务制度的要求对会计科目进行预设，每个会计科目都配有详细的科目涉及业务范围，方便

非财务专业的广大师生操作，提高了财务记账的规范性，加强了会计基础工作。

为加快推广网上报账系统的使用，财务部门每天在报账大厅里用幻灯片的形式循环播放网上自助报账的每一步具体操作流程，方便广大报账人在等待报账的同时，更加直观地了解网上自助报账的流程。与此同时，财务部门、科技处、纪监办联合开展多场科研政策、科研经费管理宣讲活动，到各学院、各部门上门宣讲科研政策、科研经费管理、使用科研经费的重要原则，财务报账中的重要注意事项，以及宣传网上自助报账的优越性等。

四、畅通沟通渠道，增强服务意识

高校要建立畅通的信息沟通渠道，增强高效和谐的服务意识，为此应做到以下几点。

1. 充分利用财务部门网页平台，建立畅通的沟通渠道

要解决财务人员与报账人信息不对等的问题，就要及时更新财务信息，普及高校各类财务规章制度，解决财务人员与报账人信息不对等的问题。报账人是否能顺利报账取决于他们对财务信息的了解程度。为了让广大报账人更加了解报账规定，各类报账业务规范化的、详细的流程要在财务部门网页上公布，财务部门的网络平台可以为校内各单位提供各种查询服务，最大限度地实现信息共享。

2. 培训报账人员

财务部门可以定期开展一些报账人员的基本财务报账须知的培训，重点对报账知识进行讲解，比如：报账的基本流程、发票真假的辨别、各类经费的报账禁忌、发票分类整理、票据规范、各种单据的填写规范等，用来提升报账人员的专业素质。为了加快报账速度，节省财务人员的审核时间，就要加大报账人员对基本报账规则的了解，从而减少对财务人员的询问，同时也

会提高成功率。财务部门的网页上可以公布基本财务知识、报账规范和报账疑难问题等，方便各类财务人员和报账人员进行学习。

3. 增强财务人员的服务意识和专业素质

财务工作质量的高低取决于财务人员工作能力和职业素养的高低。高校财务人员要严格遵守国家会计法律法规制度，并掌握高校财务工作的整体运作流程，了解高校的工作特点，明确财务工作的实际要求。这样才能在财务工作中做到尽职尽责、事无巨细、面面俱到。财务部门为此需要做好如下工作。

第一，增强报账现场财务人员的服务意识。

在工作中，面对繁杂的业务要认真细致，事必躬亲；标志指引要鲜明醒目，便于报账人看见；为报账人提供舒适的办理业务场所，做到有效沟通、认真服务。

第二，在财务人员再教育方面，要注重对个人专业业务知识、思想品质和自身素养等进行培训。

各岗位之间员工要以不同的形式，进行工作之间的交流、总结，使彼此间经验和能力在促进中都得到提升。

第三，要对财务人员进行继续教育以及最新财经法规和有关知识的培训，不断拓展财务人员业务知识的广度和深度。

第四，要保障报账流程的畅通无阻，就必须适应会计电算化网络等硬件设备和软件系统维护的需要，引进计算机方面的专业人才，进而改善财务人员队伍的知识结构，使之能够及时排除硬件设备、软件系统的故障。

第十章　高校财务电子档案管理实务

　　高校财务电子档案是高校财务管理电算化的重要环节，给高校财务管理提供了更为广阔的发展空间。高校财务电子档案的存储载体多元而又灵活，技术含量要求高，同时在内容上也有较大突破，除具有传统财务档案的内容外，还包括会计电算化中各种软件及程序等方面的内容，这也对高校财务管理提出了更高的要求。就目前高校财务电子档案管理现状来看，尚有很大提升的空间。本章将先分析当前高校财务电子档案管理现状，然后论述高校财务电子档案信息的收集编制、整理、保存及利用等。

第一节　高校财务电子档案管理现状分析

　　财务电子档案其实就是蕴含着高科技的电子媒体介质。这个电子媒体介质不同于传统载体，其存储环境也相应不同。从本质上讲，电子档案是利用现代数字技术，将信息以数字形式存储于磁盘、光盘等现代化介质载体中。

　　相对于传统的纸质档案，财务电子档案存储载体多元化、灵活化，修改维护便捷化，技术含量要求高，需借助外部设备进行读写、查看及维护。财务电子档案在提供更为灵活便捷服务的同时，也给其提出了更高的要求。但从目前高校财务电子档案管理的现状来看，仍然存在不少问题。

一、财务电子档案存储环境达不到要求

高校财务电子档案是指将财务相关票据、凭证、账簿、报表等数据资料以数字形式进行存档，满足财务档案的各项功能和要求，具备传统实体性质的财务档案功能。

电子档案要真正发挥其储存功能，对环境是有要求的，不仅要防水、防火，还要防尘、防磁，而且对温度还有一定的要求。绝大多数高校财务电子档案的存储环境并没有达到电子媒体介质的存储要求，主要体现在环境的通风、干燥等基础要素和环境的抗干扰、抗磁化等深层次要素上。例如，较早的针式打印机色带输出的纸质资料原本不够清晰，又受空间、经济条件限制，经日晒、风化，字迹极为模糊，有的甚至已消失。再如，早期 DOS（Disk Operating System，磁盘操作系统）系统环境下生成的磁性数据资料，虽保存完好，但原有运行环境如今已不复存在，程序又不能兼容，多数数据已不能再现，形同虚设。

二、高校财务电子档案管理人才缺乏

现实中，高校精通信息化的专业人员大多不具备会计与档案管理专业知识，而财务会计与档案管理专业技术人员又不具备专业计算机信息技术知识与技能。

同时，受事业单位专业化、制度化管理要求的限制，大多数高校注重学术理论知识型教师的招聘，但往往限制金融、信息化、档案管理等行政服务技能型人才的招聘。即使是一线城市原有的 985 大学、211 大学、"双一流"高校，也难以招聘和留住这些实践管理能力强的高层次人才，导致高校财务人员的专业水平和实践管理水平不尽如人意。

三、没有健全的档案管理规范和制度

电子财务档案这种高技术含量的财务管理模式，其出现的时间并不长，因此在高校中还未有相应的比较健全的管理制度。目前高校财务会计电子档案管理的依据是《会计档案管理办法》，其管理的对象是传统纸质财务信息，对于近些年兴起的电算化会计档案信息并未涉及。因此，高校的电子财务档案管理相对滞后，没有健全的电子财务档案管理规范和制度，不太适应发展需求。

同样是因为没有健全的管理规范和制度，电子财务档案的管理流程也不甚明确，这就造成有些时候管理工作做不到位。目前大多数高校财务电子档案的管理工作由会计人员代为执行，没有设置专门的电子档案管理岗，导致一些混乱现象的出现，这既给财务电子档案管理工作带来了不便，又造成了高校人力、财力的浪费。

另外，财务电子档案的后续利用不充分也是管理制度不健全造成的问题。在多数高校，财务档案通常属于保密类型档案，一旦封存，很少再用到，并且在全新的社会经济模式下，高校的过往财务信息没有被重视，很少拿出来被利用，用它来检查和反思以往的经济活动，这在一定程度上造成了高校财务电子档案资源的浪费。

四、缺乏系统维护，易发数据安全事故

财务电子档案必须及时维护，否则极易发生数据安全事故。由于目前高校缺乏专业人员的系统维护，导致高校财务电子数据易发安全事故。

例如，"勒索病毒"当年就曾使国内众多高校纷纷中招。在后疫情时代，"勒索病毒"日趋成熟，已经具备了愈发隐蔽、复杂的"进化"能力，"重装上阵"疯狂发展。即使在全国推广财政电子票改革期间，仍然有高校的服务器居然连防火墙都没有，完全裸露在外网，严重缺乏网络安全管理能力。

五、内部管理运行机制整体不够顺畅

内部管理运行机制虽然是高校的大环境，但其存在的问题也对财务电子档案管理工作造成了影响，有的影响甚至是直接的。

现实中，高校内部各机构仍存在各自为政、协调沟通难、信息融合共享度低等情况。一方面，机构人员冗余，管理效率低，长期缺乏沟通交流导致整体规划布局耗时长，全面推动沟通成本高，阻力大，时效性差。另一方面，信息化管理方式方法的创新多呈现个体性，较多出现在基层一线，然而不同部门间的孤岛化使得这些创新仅仅是局部开花、碎片化。其他部门漠不关心，置身事外，甚至在领导层那里，极有可能是外行领导内行，容易被止步于萌芽状态，难以形成推广规模效应。管理的垂直化与信息的扁平化之间呈现出日益突出的矛盾。

第二节　高校财务电子档案管理的改善措施

从高校财务电子档案的产生及后续利用的过程来看，电子档案管理主要包括信息的收集编制、整理、保存、利用这四个环节。

一、财务电子档案的信息收集编制

高校财务电子档案的信息收集编制，可从以下四个方面入手。

1. 财务信息收集区间的设定

收集区间要具有连续性和不间断性，区间的固定可根据财务工作及业务量的大小来确定。一般可视业务量大小，按月、季或年度来设定；也可以视具体项目周期长短，实行分段、分项或全程设定。但必须保证收集区间的连续、无间断。

2.收集程序的编制与固定

电子档案对载体介质材质的质量、安全性能要求比较高，因此要选用质量好、可靠性高的贮存介质，备份所有财务数据，存贮于磁性介质，并刻录于光盘，确保备份与其一致有效，必要时还可打印备份于纸质介质；同时应在磁性介质上，附加其运行的语言程序版本及操作环境标识，作为以后复现时的参照。

3.电子档案编制软硬件环境的更替收集程序

软硬件环境的更换前提是所有操作信息备份，在以后的复查询中便于转换。由于数字信息技术的发展太快，软硬件及数字信息的读取方式更新换代较快，需随时关注技术发展现状及趋势，必要时做最有效的转换；同时，软硬件的设备最好同步保留备份，以便技术更新后的电子档案的信息转换。

4.有关登记资料的收集

要制作登记簿，详尽记录系统管理员、程序员的操作资料，区分业务具体操作人，以便于后续追询，并认真填制电子档案移交清册，区分责任。

二、财务电子档案的整理与保存

财务电子档案的整理与保存是其管理的关键，关系到整个管理工作的有效性。因此在实际的财务电子档案管理中，不仅需要兼具财务、档案和现代电子技术知识的专业人员来管理，而且还需根据各种介质的特性，实施不同的整理与保存措施。

良好的储存环境是每一种介质所必需的。保持清洁，定期通风，控湿控温，创造良好的储存环境，使电子档案维持优良状态，以期最佳利用效果。

1.贮存的磁性介质

磁性介质档案应远离磁场或者专设磁场屏蔽柜，以防消磁，丢失数据。收集的双备份，应载明操作员姓名、运行环境和形成时间，连续顺序编号，再分放于不同储柜，以防意外。

2. 贮存的光盘介质

光盘介质档案对储存环境的清洁度要求较高，需要专用的防尘储柜；光盘的保护膜应完好无损，防止盘面磨损、刮擦；每张光盘应附有硬质护壳，避免挤压损毁，不可读取。

3. 贮存的纸质介质

纸质介质是电子介质的辅助文本，多是打印输出，字迹由墨粉形成，见光、受潮易模糊、淡化，因此要注意避光和防潮，置于背光、干燥处。

三、高校财务电子档案的充分利用

高校财务电子档案的充分利用是电子介质新载体、高科技特性的全面展现，也是档案管理有效性的最终体现。高校财务电子档案丰富的第一手数据资料能够为高校后续财务经济工作提供大量的信息支持，因此充分利用高校财务电子档案，比如查阅、计算和分析，可以让档案充分发挥作用。

1. 利用财务电子档案查阅资料

查询账目，可直接利用微机检索，参照版本记录标识，打开相应程序和运行环境进行读取，省时、快捷。但磁性介质易于修改，所以要专设查阅微机，提供只读方式查阅界面，防止不法修改。尽量只使用双备份中一个盘面，这样可以保证另一盘面的无介入、封存性。

2. 利用财务电子档案进行计算和分析

财务电子档案的数据汇集，通过微机计算，集成产生多项分析结果。但因其涉及的盘面多，范围广，存有潜在危险，因此应指定专业人员，在内控专用机器上调阅、操作，避免实在危险。同时还要注意各介质的运行环境，以免不同软件带来的误差，生成错误的分析。分析结果一经得出，可以直接打印、复制或传送，为决策者提供迅速、快捷、详尽的数据信息。

第十一章　高校财务收入与支出管控实务

收入与支出的控制是高校财务内部控制活动的关键点，是做好高校财务内部控制的重中之重。在收入环节，要认真做好记录、监督、核查，确保资金收入的合法性、合理性，并在此基础上严肃强调高校收费标准，杜绝收费过程中一切违法违纪现象。在支出环节，要严查各项资金支出管理，对专项资金、员工及教师工资发放、高校日常开销支出等方面的公用经费进行规范标准的管理。基于此，本章分别讨论了高校财务收入和支出的控制管理方法，以及高校人力资源管理成本控制的问题与对策。

第一节　高校财务收入的控制管理方法

对于高校来说，其收入的来源主要有：高校内部的各项收费，例如学生所交的学费、住宿费、课本费以及购买教学物品的费用；高校进行科研活动所获得的经费或是承接、进行科技咨询所获取的费用；上级教育部门所拨款项等。在对收入控制管理的过程中，需要财务人员对每一笔款项都进行详细记录、登记入库，并做到定时核算，以避免和杜绝以收抵支、公款私存等违法违纪现象的发生。

一、高校各项收费项目的管理方法

对于各项收费项目和收费标准，高校必须取得收费许可证后方可收费，杜绝乱收费、扩大收费范围、提高收费标准等现象。高校财务部门应当相互监督，防止违法违纪行为的发生。同时，在高校财政收入过程中，要建立健全收费透明制度，公开收费项目和收费标准。具体来说，就是向社会公布高校的收费项目、收费标准、收费使用和投诉电话，积极接受学生、家长和社会的监督。

对于特殊的收费项目，应当在得到收费标准审批领导小组的批准之后方可进行，且严格按照标准收取相关费用并出具由高校财务机构管理的合法收据。

对于集中收费项目，必须按照规定集中办理，退费时的审批、复核等手续应办理齐全。

对于收取学生学费、宿舍费等事项，应严格按照国家规定的收费项目和收费标准进行收取，收费收入应严格按照规定上缴财政专户或国库，实行"收支两条线"管理。

对于特殊学生的收费减免，应先由指定部门审核，再报高校审批，最后交由财务管理部门备案，并且杜绝向学生收取各种押金、保证金、回扣等现象。代收性的收费项目也必须实行专项管理，坚决避免中饱私囊的情况出现。

二、高校科研经费的分配管理方法

对于科研经费，高校应建立一个明确的分配管理制度，以实现科研经费在高校、项目人工费支出和其他支出之间的合理分配。分配管理制度的制订，由高校决策机构经过合理的程序集体决定和实行，在授权范围内审批之后方能进行科研经费的分配。

对于科研项目，在结题后经过验收和考核，所剩余的经费在有效期限内尽快办理财务结题，之后按照相关规定进行再次分配。如果不需要进行分配，应及时结转为事业发展经费或是按项目合并。

对于高校承接的科技项目、开展科研协作、转让科技成果、进行科技咨询等收入，应当建立相应的管理制度，以达到控制收入进款额与服务合同金额相一致的目的。

三、高校基层收款单位的管理方法

对于基层收款单位的管理，高校应将以下几点作为管理工作的重心。

基层收款单位必须严格、准时地按照相关规定、比例将所收入款项上缴高校，高校所收款项再按照规定进行统一管理。各基层收款单位严格把关，互相监督，严禁出现公款私存、谎报收入、私设小金库等违法违纪现象。

对于收入的分配制度，相关部门进行严格审核把关，保证制度的建立和执行能够达到标准。高校相关决策审议机构对制订出的分配制度进行监督、修正、通过。

对于各基层单位的工作情况以及收入款项的管理，应经常接受由高校所指定的工作人员进行清查核算。工作人员依据清查所得结果对基层单位的工作进度进行监督、分析，并编制清查报告呈交上级单位审核。

对于高校附属单位的财务管理，首先应建立明确的缴款任务书管理制度，并在其中对附属单位应缴纳款项做出详细明确的标注，确定其缴款比例。对附属单位的缴款进度，由高校指定负责人员进行催缴工作，并经常监督、检查附属单位的缴款情况。在当年末制成财务报表，上交相关管理部门清查核算，最后交由高校最高决策机构审核、存档。

对于高校签订的应取得的收入，有关的经济合同要严格符合国家相关法规以及高校的相关规定，经单位负责人、高校主管部门以及高校领导审批，并由专人登记、保管、归档。要合理设置收入科目，准确进行收入核算，保证收入的款项能够及时到账。另外，应收未收的款项要设置登记簿进行记录。

第二节　高校财务支出的控制管理方法

高校的支出涉及方方面面，比如教学资金、教学设施、科研项目、教师和员工工资、专项资金以及一部分对外投资项目等。对这些方面的支出进行控制管理，是高校财务内部控制的重点内容之一。

一、高校的资金支出的管理方法

高校支出是高校为发展事业和开展教育教学、科研及其他活动产生的各项耗费和损失，主要包括事业支出和专项资金支出。事业支出的主要内容包括基本工资、补助工资、其他工资、职工福利费、社会保障费、公务费、业务费、设备购置费、修缮费和其他费用。专项资金支出指的是高校从有关部门取得的有指定项目和用途的专项资金的支出。在高校资金支出管理工作中，必须采取以下方法，以杜绝不良情况的出现。

高校从有关部门取得的有指定项目和用途并且要求单独核算的专项资金，应当按照要求定期报送资金的使用情况；项目完成后，应当报送资金支出决算和使用效果的书面报告，并接受有关部门的检查、验收。

高校要加强对支出的管理，各项支出应按实际发生数列支，不得虚列虚报，不得以计划数和预算数代替。对校内各单位包干使用的经费和核定定额的费用，要本着勤俭节约的原则科学合理地制订。

高校要加强预算内支出管理。预算内的支出是资金支出管理中的主要内容。就现阶段而言，高校抵用发票现象较多，除了一些无法避免的报销需要别的发票抵用外，例如购买教学用品等，其他费用比如差补、水电费、物业费等一律不允许使用其他发票抵用。如果发现此类事件，工作人员应立即上报上级单位，并由上级单位根据实际情况研究决定。

高校的支出应当严格执行国家有关财务规章制度规定的开支范围及开支标准；国家有关财务规章制度没有统一规定的，由高校结合本校情况规定，报主管部门和财政部门备案。高校规定违反法律和国家政策的，主管部门和财政部门应当责令改正。

二、针对货币资金的支出管理措施

高校的货币资金是指高校所拥有或者控制的银行存款、现金和其他货币资金。加强对高校货币资金的管理，对保证高校货币资金的安全、促进资金合理循环和周转、提高货币资金的使用效益、推动高等教育事业的健康发展具有深远意义。

必须建立健全货币资金业务的岗位责任制，并制订对货币业务的不相容岗位相互分离、制约和监督的制度，并为货币资金业务岗位配备合适人员，根据具体要求进行岗位轮换，互相监督。

严格遵守国家及相关部门关于银行账户管理制度，定期检查、清理银行账户的开立以及使用情况。杜绝违规开立和使用银行账户，杜绝出租、出借或是转让银行账户，杜绝以个人名义存放单位资金或是为个人及其他单位提供信用。对银行对账单实行"双签"制度，即每月的银行对账单必须由财务处长审核签字后，再由审计机构负责人复核签字，并报经主管财务的校长或总会计师审签后与当月的会计凭证一同保存。

二级核算单位在银行或是非金融机构开立的账户、账号以及有关会计资料，应当主动上交财务和审计部门备案，杜绝挪用公款、公款私存等现象。

高校应当集中统一管理全校的行政事业性收费票据和其他合法票据，并建立明确的票据的购领、使用登记、背书转让、检查和核销等管理制度和程序。

三、建立健全高校工资发放制度

建立健全高校工资发放制度的目的是保障高校教职员工的工资福利正常发放，其关键是要根据实有人数和规定标准进行发放，同时要完善相应的报销审核制度。

高校员工及教师的工资、津贴、补贴和抚恤救济费等，必须根据实有人数和规定标准进行发放，并取得本人签字或是有效的法律证明凭证，坚决不允许擅自增加人数和任意改变标准的现象出现。社会保障费、职工福利费和工会经费等也必须按照规定标准和实有人数计算以及发放。

建立健全完善的报销审核制度。各项费用的支出都必须取得合法的原始凭证，手续应保证完备，严格按照审核报销制度和相应的支出标准列支。在进行费用报销时必须有相关的审批人员签字，超过支出标准的应取得相应主管部门的审批，杜绝以领代报、以拨代支等现象。

四、制订严格的财务管理规章制度

高校的蓬勃发展，使得许多高校在管理上出现了漏洞，让一些不法分子钻了空子，导致违法犯罪，给高校造成了极大的损失，所以在财务管理上要加强制度控制与监督。

1. 校内监督

高校要把财务管理规章制度落实到现实管理当中，不要只是文件报告或者口头通知。尤其是对平时接触到财务管理方面的高校人员，一定要安排专门的人员进行监督。

2. 校外监督

国家和相关部门可以对高校的财务管理规章制度落实情况进行监督，严格按照法律法规对其进行考察，要全面控制高校财务管理的整体效果。此外，高校也要接受全社会的监督，不可以在财务管理上存在松懈和侥幸心理。

五、通过岗位分工控制财务支出

从高校财务内部控制的角度来说，岗位分工与财务支出是两个密切相关的重要环节。对教职员工进行合理的岗位分工是控制财务支出的一个重要手段，所以做好岗位分工对高校内控管理有着非常巨大的作用。

1. 加强岗位分工并实行定期轮岗，这样可以有效控制财务支出的关键环节。

在高校财务管理人员的配置上，不要只是配置一人就一成不变了，这样时间久了很容易出现问题，要在重要岗位上多配置几人，而且要配置一些合格的并且德才兼备的人员来进行高校财务的管理与支出。因此高校可以实行多人轮岗制度，让这些人竞争上岗，必须按照规定办理人员的交接手续，以免造成误差。

2. 如果工作人员发现竞争上岗过程中存在问题，要及时向上级汇报情况，要在最短的时间内控制资金问题的发展与扩散，最大限度地减少资金的损失，以免给高校造成严重的影响。

六、建立健全资金业务管理制度

目前高校的资金规模及使用范围越来越大，资金管理已经成为高校财务管理工作的重中之重。如何有效控制高校的资金管理风险，不仅是高校财务工作的首要问题，也是高等教育事业健康发展的需要。为此，高校要制订岗位监督和审查制度，并通过每日对账和不定时盘点的方法加强对账管理工作。

1. 制订岗位监督和审查制度

高校财务管理工作如果分工不清，就会给那些不法分子钻了空子，贪污受贿、挪用公款等，给高校造成严重影响。为了防止在财务管理上出现贪污受贿或者挪用公款这样的问题，高校一定要严格要求有关人员：做出纳的人员不得再兼任会计档案管理和资金的分类总账的管理；做审计的不得再做收入、现金支出等财务工作，以及债券业务类的明细分类账的记账工作等。否则会增加出纳等工作人员犯罪的概率，造成出纳等人员徇私舞弊的漏洞，也给出纳等人员提供了掩盖犯罪事实的可能。因此，必须制订一系列的岗位监督和审查制度，让各个岗位的工作人员进行相互的监督和牵制，把那些在财务工作上不相容的岗位进行分离，增加各个岗位相互制约的因素。

2. 加强对账管理工作，具体措施可以采取每日对账和不定时盘点的方法

高校要做出明文规定，财务出纳人员每天都要进行对账工作，养成经常对账的习惯，要把每天的现金收入支出账单与现有的现金进行对账，保证每天的现金支出与收入都与账单相符，以免出现问题，给财务部门和内部管理部门造成影响。高校要不定时地对现金业务账单和库存现金进行盘点，以确保现金业务的正常运行，还要相关的财务管理与负责人员进行季度账务盘点与审计，发现问题应该及时向高校领导汇报，然后以最短的时间找出问题根源，从根本上解决问题，以免给高校造成不必要的麻烦。

第三节　高校人力资源管理成本控制

高校人力资源属于高校财务收入与支出控制的重要内容。人力资源成本是取得、开发和保持人力资源而产生的费用支出，即在人才使用过程中发生的各项费用，包括维持成本、奖励成本和福利成本。人力资源成本是高校的主要成本，人力资本管理成本控制是高校成本管理的重要内容。

一、新时期高校人力资源及管理的特点

高校人力资源是从事教学、科研、管理和后勤服务的教师综合劳动能力的总和，主体是教学科研人员的学术水平和能力。新时期高校人力资源既具有人力资源的一般特征，还有自身的特殊性。

1. 高校教师的学术水平和知识水平相对较高

高校的教师具有高学历和高职称的特点，他们是高校人力资源管理的主体和基础。在工作中不断改变高校教师的职称结构和学历结构，并不断调整和优化师资力量，是提高高校竞争力的有效途径，也是加强人力资源建设的重要突破口。

2. 高校教师的创新意识和创新能力突出

高校教师具有较强的业务能力、坚韧不拔的精神和不断创新的意识，他们不仅肩负着教育工作的重任，也为科研工作付出了巨大贡献。行之有效的人力资源管理可以作为催化剂，能够为高校工作发展提供动力。

3. 高校教师具有强烈的自我价值实现意识和竞争意识

高校的教师具有良好的教育背景和一定的专业特长，他们对自我的要求较高，十分注重对高层次精神需求的追求，有着积极向上的自我价值实现的

愿望和强烈的竞争意识。高校人力资源管理要积极引导教师们进行合理竞争，通过不断增强其自身的科研水平和实力，实现他们的人生价值。

二、高校人力资源管理成本面临的问题

高校人力资源管理区别于人事管理，要求具有更好的规划职能，促进高等教育发展。人力资源成本管理是人力资源管理中的核心内容之一，也是衡量管理效能的重要标准之一。目前，高校对于人力资源成本的管理仍存在以下问题。

1. 高校人力资源管理成本具有刚性和路径依赖性

人力资源管理成本刚性是指在特定的历史条件下，高校人力资源管理成本能够将员工的收入维持在一定水平，并保证其只能上升不能下降。高校教师收入是人力资源管理成本的一部分，主要体现在高校人才的劳动力价格上。仅从经济的角度来看，高校教师的劳动力价格相对稳定可控。然而从教师的角度来看，工资收入的上升是可喜的，工资收入的下降将直接影响教师岗位的稳定。高校教师是人力资源的重要组成部分，高素质人才是高校能否拥有良好声誉和可持续发展的关键。高校要想保持一支完整的教育队伍，就必须保证职工收入的稳定。总之，他们必须确保人力资源管理成本的稳定。

高校一般由不同的高校合并而成，其原有的分配制度具有一定的路径依赖性。不同高校合并后，从照顾教师情绪、维护教师稳定的角度来看，他们目前的收入水平与原来相差不大。因此，高校人力资源管理的成本必然很高。

2. 高校人力资源管理成本面临着社会趋同与平衡的双重要求

高校人力资源作为生产力的重要组成部分，必须追求价值最大化。优秀人才将流向工资较高的部门和单位，为了保证合适的人力资源，高校中类似的部门或单位必须支付大致相等的人力资源管理成本，以确保人力资源成本实现社会趋同和平衡。

为了获得和保持一支优秀的教师和人才队伍，高校必须努力支付与同类高校相同或更高的人力资源管理成本，这取决于社会整合和人力资源平衡。然而，高校可能不会支付与类似高校相同的人力资源管理成本，因为影响教师队伍的因素不仅仅是高校员工的价值。因此，高校应根据社会趋同、人力资源管理成本均衡的特点和自身发展优势，制定更具竞争力的人力资源管理成本实施策略。

3. 高校人力资源管理成本有逐渐上升的趋势

随着社会经济的不断发展，人们的预期收入水平将不断提高，以满足"共享经济发展成果"的需要。由此可见，人力资源管理成本上升是社会经济发展的必然结果。同时，由于科学技术的不断进步和各方面效率的不断提高，在地方高效高回报部门和单位的推动下，人才流动的平衡将继续被打破，人力资源管理成本将继续上升。

高校面临的现状是：一方面，高校面临着优秀人才资源匮乏、就业人才水平低、资金投入有限的问题；另一方面，高校面临着人力资源管理成本上升的趋势。那么，如何解决人才短缺、资金有限、成本上升等问题，就成为高校迫切需要解决的重要问题。

三、影响高校人力资源管理成本的因素

影响高校人力资源管理成本的因素有很多，归纳起来，大致有以下几个方面。

1. 成本项目

所谓成本项目，就是完成教学的所有人工成本。为了培养人才，高校需要做很多工作，比如专业教学课程、教学实践与教学技能培训、教学与科研、教学与教学改革、以培养学生能力为重点的课内外活动、为学生的健康成长服务以及这些工作的管理。这些工作应作为成本的一部分支付。

目前，高校教师的收入已不再是单一的传统工资，除档案工资按照人事部制定的工资标准全面执行外，还有根据岗位、绩效、课时、成绩奖励、节日慰问、政策规定的各项福利以及根据项目完成任务的奖励。这些都将作为教师收入的一部分，具体包括财务工资、津贴、社会保障、内部福利等。其中，财务工资是高校教师工资的主要组成部分，由国家财政部门按照国家现行的事业单位工资制度和国家工资制度规定的项目和标准发放；津贴包括岗位津贴、绩效津贴、课时津贴、奖励津贴、职称津贴等，其与档案工资有本质区别，具有明显的内部奖励性质；社会保障是指高校缴纳的各种保险费，包括养老保险、失业保险、住房公积金、医疗保险、工伤保险等；内部福利包括单位支付的各类节假日、劳动保险等福利费用。

高校不需要管理教师档案工资，因为其支付标准由国家人事部门直接制定，属于不可控成本。此外，成本属于高校可以控制的可控成本。可控成本受成本项目、工作量、支付标准、社会平均工资水平和历史传统的影响。

2. 非成本项目

所谓非成本项目，就是可能影响员工收入或福利的项目。高校非成本项目一般包括人才引进、人才管理制度和校园文化。人才引进对高校来说非常重要，人才引进将提高高校人力资源管理的成本水平，如果高校吸引高薪、高福利的人才，将增加高校的财务负担和风险。引进人才需要建立管理和相关制度，换句话说，没有一个持续、完整的人力资源管理体系，不利于有针对性、有计划地引进和管理人才。在校园文化方面，一些高校可能人文环境较差，不利于优秀人才的引进，因此有必要搞好校园文化建设。显然，引进人才也可能导致人才维持成本的增加。

3. 积极转变人力资源管理观念

我们应该树立人力资源是高校第一资源的观念。高校人力资源管理的关键是重视人才队伍建设。在人才开发工作中，要有认识人才的眼光，用人才的精神和聚集人才的方法，不断提高聚集和使用人才的水平。树立"以人为本，人才至上"的人力资源管理理念。在高校人力资源管理工作中，要牢固树立以教师为中心的管理理念，积极营造尊重教师、尊重知识、注重人才的良好氛围，强调教师在高校的主体地位和主导作用，激发责任感，围绕教师的积极性、主动性和创造性开展管理活动，充分发挥教师的积极性、主动性和创造性，激发教师对高校事业做出贡献。

四、改进高校人力资源管理的对策与措施

为了适应市场经济和知识经济条件下世界教育发展的趋势，高校必须根据我国高等教育发展战略和高校发展目标的要求，制订高校人力资源开发与管理的长远规划，改革现行利益分配制度，建立激励机制，构建全面、科学的考核、评价体系，公平奖惩，从而为高校的发展提供源源不竭的动力。

1. 制订立足长远的人力资源开发与管理的有效规划

高校人力资源管理要从战略的角度和发展的视角进行科学合理的目标定位，要把引进、保持、培养和管理等环节结合起来，制订出战略性的人力资源管理长远规划。要根据自身的发展定位、规模和任务，制订出具有前瞻性和可浮动性的人力资源开发与管理长远规划，并以此规划为依据，制订逐步具体的中、短期实施计划。要把引进、保持和培养优秀人才放到高校人力资源开发与管理的首位，围绕各级别学科建设，做好高层次人才的培养、稳定和吸引的具体规划。要根据高校人力资源所具备的继承性特征，既着眼于本校人才的近期培养、稳定，又必须着眼于长远，把学科带头人的培养作为人力资源开发与管理的长期目标，以确保高校内各学科整体优势的不断延续。同时，还要根据不同级别、不同层次的教师设计出不同的培训方案，来增强和提高教师水平，利用培训机制来管控和激励教师的发展。

2. 改革现行利益分配制度，建立奖励激励机制

在利益分配方面，要拉开档次，充分体现按劳取酬和多劳多得的理念，

用高报酬去激励贡献大的优秀人才，并要把教学科研人员和中高层管理人员放在同一管理地位。

在职称评审晋级方面，要把个人的贡献和付出水平放在第一位，个人资历只能作为评定的参考。只有这样的奖惩制度，才能留住优秀人才，激发各部门工作的积极性和创造性。在选拔人才和各部门进修等机会的安排上，要在工作出色的教师职工中，按计划地选拔和培养有前途、对高校长远发展有利的人员去进修和深造。

在各项科研设施的计划投入方面，要对有前途、势头好的学科群体进行重点培养，重点扶植，鼓励其努力早出、快出成果。在高校各科课时经费制订方面，要充分发挥优特人员的杠杆作用，给付奖励时既应遵照教师职称，还要具备一定的灵活性，即使是在同一职称、同一层次上也要根据具体情况给予区别对待。

对那些教学效果突出、有特色、能够受到学生和同行一致好评的优秀教师，在给付课时费时要按一定的比例给予奖励（既有物质奖励，也有精神奖励）；而对那些教学态度和效果较差的教师，则要加强沟通，多多鼓励，再根据具体情况给付课时费，必要时应按相应的奖惩制度做一定比例的下调。

总的来说，改革现行的分配制度，原则上是以岗定薪，优劳优酬，具体要以提高岗位工资为主要内容，要建立重实绩、重贡献，并向高层次人才和重点岗位倾斜的分配激励机制，这是摆在每一位人力资源管理者面前的主要任务。

3.考核、评价、奖惩是人力资源管理的重要手段，因此必须构建考核评价体系，实现公平奖惩。

要通过设立高尺度、严要求的管理目标，引导教职员工充分发挥主观能动性，积极努力，迅速提高工作效率。

首先，应建立科学、全面、合理的考评指标体系。这个体系的建立既要充分考虑教学又要考虑科研，既要考虑基础科学又要兼顾前沿科学。能够量化的指标应尽量量化，难以定性的指标也应以分值或权重对应。随着高校的发展和人力资源理论研究的深入，考评指标还需要动态化地不断完善。

其次，各层级应科学组织考评，简化考核工作程序，根据考评指标并依次通过自我评价、群众评价、基层组织评价、单位考评小组评价、校考评领导小组评价、公布考评结果等步骤，对全校人力资源进行合理的评价并做出科学的分析与统计。考核后应及时地将有关信息反馈至个人，使被考评者心悦诚服地接受考核结果。被考评者若有不同想法，应允许其提出自己的意见或建议，使考评方法更能适应高校人力资源管理的特点。

最后，要将作为职称晋升、岗位聘任、津贴分配及其他奖惩性工作的基本依据的考评结果坚持到底。奖惩的措施要合情合理，做到"言必行，行必果"，否则将使整个考评工作前功尽弃，进而严重影响整个人力资源管理的成效。

五、高校人资管理成本控制法：作业成本法

作业成本法起源于 20 世纪 70 年代初，成形于 20 世纪 80 年代末，是一套用来衡量产品成本、作业绩效、耗用资源及成本标准的方法。作业成本法的核心思想是产品耗用作业，作业耗用资源。也就是说，要生产就要作业，要作业就有成本，所有资源都被"作业"这个动作最终分摊到产品上。

高校是根据教学业务的特点来运用作业成本法进行管理的。首先是教职工做"作业"。教职工是高校整体运营过程中的作业的执行者，高校的运营效益就是职工执行作业的结果。其次是作业耗用的"资源"。资源包括两部分：一部分是作业活动本身发生的耗费，比如教学过程中教室的照明用电、设备耗材等；另一部分是作业的执行者即教职工的劳动耗费，这种耗费是无形的，它构成高校人力资源管理成本的一部分。最后是作业形成"产品"。产品体现为高校的办学效益，包括教职工的教学课时、作业批改的数量及发表论文的数量等。

高校运用作业成本法控制人力资源管理成本的基本步骤如下。

第一步，确定作业流程。

该流程包括学生管理和教工管理。学生管理作业方面包括招生、教学、学生日常管理和学生就业管理等活动；教工管理作业方面包括教师科研活动和行政管理活动等。

第二步，识别成本动因。

成本动因就是对成本发生及增加、具有相同性质的事项进行的度量，是对作业的量化，简单来说就是引发成本的驱动因素。识别高校作业成本动因，必须结合具体的作业流程。比如，教师的教学作业可以分解为备课、授课、批改作业、辅导、命题、评卷等环节。需要注意的是，成本动因是对高校而言的，而从教师角度则是收入动因，因此，成本动因是对教职工某些"作业"的具体报酬。

第三步，计算每个成本动因的单位成本。

在作业成本法中，作业耗用资源，每个成本动因对应着资源的耗用量。这就是说，每个成本动因的单位成本等同于作业成本动因数量。

第四步，建立成本库，核算职工作业总量，计算职工作业总成本。

建立成本库就是把同一或同质成本动因导致的费用项目归集在一起，比如备课总成本、授课总成本等。成本库的建立可以为高校制订分配方案，并在高校总收入的基础上为调整每个成本动因的单位成本提供依据。高校运营过程中的作业活动都是由教职工执行的，那么一旦确定了作业流程和这些作业的岗位归属，再结合教职工的岗位职责，就可以确定某一教职工的作业量。与此同时，先计算出每个成本动因单位成本的作业量，在明确教职工作业总量的基础上，结合计算每个成本动因的单位成本，从而为高校确定支付教职工薪金提供可靠的依据。

第十二章　高校财务资产管理实务

　　资产作为高校进行教学工作与科学研究的物质基础，是高校管理工作中的重点环节，也是体现高校办学实力的重要指标。科学有效地管理高校资产，有助于高校的稳定运行与顺利发展。基于此，本章首先论述了高校资产管理难题与对策，然后在此基础上讨论了构建高效资产管理评估体系的问题，最后给出高校四类资产管理办法，希望这些讨论能够为相关部门及人员提供一些参考和借鉴。

第一节　高校资产管理难题与对策

　　目前，我国的教育事业得到了快速发展，高校的办学数量及规模都得到了很大提升，高校的资金来源也有多种渠道，再加上大量的高校资金支出及广泛的资金用途，涉及很多的部门及相关的手续，这些都给高校的资产管理工作水平提出了更高的要求。如何有效解决高校资产管理中存在的问题，是当前的高校资产管理工作者必须面对的一项重要课题。

一、高校资产管理中存在的问题

　　目前高校资产管理中存在的问题主要表现在观念陈旧和制度欠缺两个方面。

1.高校资产管理观念有待更新

高校资产长期以来都是作为一种集体财产被对待，管理人员进行具体管理行为时，可能会因为高校资产是集体财产而产生不重视的心理。高校的领导层在对高校资产的管理方面也存在着观念落后的现象，在管理过程中对高校资产不够重视，主要表现在对高校资产的利用效率低下、重有形资产而轻无形资产、重投入和轻管理、忽视管理队伍的创建等。

第一，资产利用率低。

各高校院系没有从高校大局考虑，为了便于自己使用，在购置资产时，相关部门很少对购置申请做可行性研究，导致部分资产的使用效率低下或被重复购置。此外，对紧急需求的部分资产通常采取突击式购置，用完后便长时间处于闲置状态，不能使固定资产的使用价值充分发挥。例如，在完成相关的科研项目后，一些大型教学科研仪器设备便被长期闲置，加大了资产的无形损失。

第二，重视有形资产，轻视无形资产。

高校资产包括有形资产和无形资产。许多高校没有对用于购置相关软件的费用支出和自主研发的专利支出进行相应的资本化。再加上资产管理部门没有对无形资产高度重视，进而导致无形资产成为真正的无形且无价值。

第三，重视投入，轻视管理。

计划经济体制致使高校管理者形成了"重建轻管"的落后管理理念，没有对资产管理工作给予高度重视。由于高校的部分领导缺乏相关的财务知识，不能全面认识高校的固定资产，管理意识淡薄，只注重管理现金及银行存款，导致重购入轻管理、重货币资金轻固定资产，只抓"财"、不管"物"的问题，进而致使高校资产流失。另外，许多高校存在不计提固定资产折旧和不核算成本的问题，财务部门只对固定资产总账进行记录，对管理资产和核算教育成本的重要性认识不足。

第四，忽视管理队伍的创建。

高校领导在管理观念上的落后会严重影响到具体管理人员，进而在管理队伍的创建上处于明显的劣势。在如今竞争日益激烈的教育环境下，高校在资产管理上必须有专业的管理队伍进行支持，才能确保高校资产得到优化配置。

2. 高校资产管理制度有待完善

高校目前的资产管理中的管理制度不够科学、管理混乱，在管理程序上不能进行有效的衔接。管理制度的不完善会导致高校资产在管理过程中出现许多漏洞，这些漏洞极可能被利用从而出现集体资产被私人占有的现象。

第一，资产管理部门与财务部门相脱节。

目前，高校为了对国有资产进行配置与管理，基本上都成立了专门的国有资产管理部门。但由于资产管理部门和财务部门之间缺乏有效的衔接与沟通，致使两个部门工作脱节的现象时有发生，进而造成两个部门的国有资产价值体现不一致的问题。例如，两个部门对资产的计量标准不一样，导致内外两账的入账价值不同。

第二，对部分捐助的资产管理不到位。

随着高校向多元化方向的顺利发展，各高校院系与企业及社会团体之间的联系越来越密切，企业及社会团体对高校的捐助活动越来越多，且捐助方式多样。这其中既有有形资产，又有无形资产。但是，有的院系为了拥有这些资产的占有权和支配权，而不向高校办理应有的入库手续。这样不但造成了高校资产的流失，更是一种违反财经纪律的行为。

第三，高校资产账实不符。

当前许多高校由于资产账实不符，而导致高校资产总量不明。具体表现为以下几点：其一，没有对院系创收收入的资产进行有效监督，院系没有将自筹资金购置的资产登记于高校资产账中；其二，没有对外单位、企业或个人的赞助或捐赠办理入账登记手续；其三，没有对已经报废的资产办理相应的报废手续，引发账实不符问题；其四，由于竣工决算不及时，导致已竣工验收的资产无法及时入账。

第四，高校资产管理缺乏评价体系。

高校的资产管理中出现许多问题的原因之一就是高校缺乏相应的评价体系对管理过程进行监督和评价。评价体系包括资产评价体系和具体管理过程的评价体系，高校在这两方面都有一定的缺失。在资产评价体系中，不能对高校的具体资产进行有效评价，导致一些资产无法与高校的实际教学情况进行匹配。在具体管理过程的评价体系中，不能针对具体管理行为进行监督和管理，无法引导管理人员朝着正确的管理方向进行，造成管理的落后。

二、提高高校资产管理的对策

针对上述资产管理中存在的观念陈旧和制度欠缺这两个方面的问题，高校应采取相应的措施予以改进和提高。

1. 开展专项培训，革新管理观念

对高校资产管理开展专项培训是必不可少的，相关部门应通过培训来提高和革新高校资产管理观念，而且高校领导也必须一同接受这样的培训，以提高自身对高校资产的管理水平和利用效率。资产管理培训的内容应紧跟时代发展，并充分融入现代先进的管理思想，这将更有利于管理队伍的建设。管理培训活动应该定期开展，并且要增加考核的力度，对不能达到标准的人员采取相应的措施进行处罚或者辞退。

2. 制订管理制度，形成有效监管

高校应该对目前的管理制度进行细致研究，找出其中的不足和缺陷，并针对这些问题制订出更加合理的管理制度，进而实现对高校资产的有效监管。要对资产购置计划审批制度进行完善，要从全校的角度出发，科学、高效地购置资产，使其更利于高校实际发展的需要。要规范资产管理的业务流程，将不同环节的管理责任具体落实到个人，严格按照相关的处置权限与程序管

理资产。要全面完善高校资产管理监督机制，对形成、使用、处置及退出资产的过程进行约束和监督。要对资产进行定期检查，严格执行财产清查制度，并及时处理发现的问题，保障高校资产的完整和安全。

3. 打造评价队伍，构建评价体系

具备评价素质的评价队伍，是构建高校资产评价体系的前提条件。在资产评价体系中，评价人员应该具有丰富的资产评价知识，能够对资产的来源和使用范围进行明确的辨识，避免产生不良资产。在对具体过程进行评价时，评价人员应该结合高校的实际情况对高校资产的具体管理过程进行评价，在实现监督管理的同时稳步促进高校资产管理水平的提高。

第二节　构建高效资产管理评估体系

随着我国科教兴国战略的实施，完善高校资产评估势在必行。因此，我们应当了解资产评估的内涵，分析当前高校评估出现的问题，从实际出发，建立有效、全面、高效的资产管理评估体系，促进高校整体资产管理水平的提升，为高校发展保驾护航。

一、设立高校资产管理评估原则

高校资产管理是一个极为复杂的系统工程，因此需要利用资产评估促进高校的资产管理。高校要从实际出发，设立高校资产管理评估应遵循以下原则。

第一，资产评估在设计时要充分考虑高校的具体情况，遵循科学性和系统性原则，同时要做到体系指标包含资产管理的关键信息和必要信息。

第二，评估指标要做到轻重分开，可以通过所占权重体现。

第三，评估指标要有层次性，通过层次来体现资产的重要性。

二、在市场观念下评估高校资产

高校的性质属于国家事业单位，随着市场经济浪潮的推动，高校资产评估也必须建立市场观念。由于高校资产以固定资产为主，且高校与市场的隔离导致高校资产难以发挥应有的作用。因此，高校应改革目前评估机制，以上面提到的高校资产管理评估原则为基础，建立符合目前发展的评估内容，促进高效资产管理的发展，帮助高校增加收入。

三、从管理角度加强资产管理

根据最新统计，我国目前拥有 2738 所普通高校。由于地域、环境的差别，各高校之间存在巨大的差异。这就需要高校结合自身的具体问题，制订相应的资产管理体系，同时还要建立一套资产使用管理制度。

在资产使用管理制度中，要明确加入资产的购入增资、领用出库、报损报废、调拨转让、财产定期检查、资产增值等内容，并且要对这些内容建立严格的管理制度和运营制度。例如，采购大型贵重设备，在采购前必须执行决策论证制度，待论证后执行法人审批制度，保证设备购入后可发挥重要作用。

四、明确领导职责，强化监督制度

根据我国当前高校管理岗位的设置，在实施高校资产管理评估体系时，必须明确领导职责，强化资产管理部门的管理，同时划分明确的责任归属，从而加强资产管理评估制度。

在高校资产评估过程中，资产管理部门起着统筹全局的作用，负责和管理资产的日常使用和维修；财务部门统筹高校各类财务信息的使用情况，明确资产的使用和收益情况；监督部门应做到常规检查和抽查，避免资产出现闲置、浪费的情况。

第三节　高校四类资产管理措施

高校的资产主要包括固定资产、无形资产、流动资产和对外投资。管理好这四类高校资产，使之发挥出更大效益，必将有助于高校的稳定运行与顺利发展。

一、高校固定资产管理措施

按照《事业单位会计制度》的规定，固定资产是指一般设备单位价值 500元以上、专用设备单位价值 800 元以上，使用期限在一年以上并在使用过程中基本保持原有物质形态的资产。单位价值虽未达到规定标准，但耐用时间在一年以上的大批同类物资，可作为固定资产管理。

高校固定资产一般可分为六大类：一是房屋及构筑物，包括教学用房、行政办公用房、后勤服务用房、师生宿舍及相关土地使用权等资产；二是专用设备，如计算机设备、打印机、投影机以及文化体育设备等；三是通用设备，包括机电设备、仪表仪器、日常电子设备、行政办公设备及车辆等；四是文物和陈列品；五是图书、档案；六是家具、用具、装具及动植物等其他资产。作为高校资产的重要组成部分，固定资产具有价值高、使用周期长、使用地点分散、管理难度大等特点。

高校固定资产是高校完成教育教学和科学研究任务、实现教书育人目的的物质基础，也是高校办学条件和实力的衡量标准。由于目前高校资产体量剧增和管理松散，固定资产的使用效率低下，以及采购、处置随意等情况屡见不鲜。管好、用好固定资产，已不单单是资产管理的职责所在，而是高校整个内控体系协同优化的突破口。因此，高校必须从优化内控的角度，改善高校固定资产管理模式。

1. 领导高度重视，加强顶层设计

高校领导层应高度重视固定资产管理，将其与教学、科研放在同等重要的位置来看待，认识到资产管理是高校教学、科研管理工作的基础。为此，高校领导层要加强顶层设计，将资产管理纳入高校建设发展的重要方面。加强对相关工作人员的资产管理政策与业务的培训，让各级教师和工作人员了解高校推进资产管理工作的重要性，为具体工作展开统一思想。

2. 分级负责，责任到人

高校需明确资产管理组织架构，负责对固定资产进行统一协调、统一管理。培养高校内部储备管理人才，发展资产管理组织力量。要在高校内部梳理管理职责，明确资产调剂、租借、对外投资、处置等业务流程，划分归口管理部门，逐级分配审批权限，将资产分配到使用人或者部门资产管理员，切实做到责任落地。各部门要建立完善的电子资产台账，加强资产的实物管理。高校应当定期清查盘点资产，确保账实相符。财务管理部门、资产管理部门、资产使用等部门或岗位应当定期对账，一经发现账实不符，就要及时查明原因，并按照相关规定做出妥善处理。

3. 加大固定资产清查力度

高校首先需要加大资产清查力度，摸清固定资产家底。要定期开展全校性的固定资产盘点，全面、清楚地掌握高校固定资产的明细情况。对于一些固定资产较为集中的部门，应重点清查固定资产的在用情况，做到账与账相符、账与实相符，同时要掌握其分布和利用情况，防止固定资产出现闲置或流失的情况发生。

4. 明确固定资产的确认和计量问题

从财政部发布的《政府会计准则第 3 号——固定资产》的相关条款可以发现，为了能够准确判断固定资产的确认条件，新《政府会计准则》把固定资产的定义由"持有"更换为"控制"。政府会计准则要求以来源渠道分类，按照取得固定资产的不同渠道进行了详细规定，系统规范了固定资产初始与后续计量的各个环节。按照规定，从 2019 年 1 月 1 日起，行政事业单位在对本单位的固定资产计提折旧时，将"虚提"改为"实提"。同时规定，固定资产应按月计提折旧。当月增加的固定资产，当月开始计提折旧；当月减少的固定资产，当月不再计提折旧。

5. 实施信息化管理

高校要积极推进固定资产管理信息系统建设，以使固定资产管理工作更专业、更规范。通过信息系统，做好固定资产的统计、报告、分析工作，实现对固定资产的动态管理。高校内部部门和固定资产管理员可以通过分级授权，随时登录查询相应的固定资产信息，实现固定资产信息共享，掌握固定资产存量和增减变化情况，及时反映固定资产状态的相关信息，为分析固定资产使用效益、处置闲置固定资产等提供有效依据。同时探索加强固定资产信息管理系统与财务账务系统的数据交互，以实现有效对接，解决账实不符的状况。

6. 制订固定资产配置规划

高校应健全资产配置机制，根据高校学科发展、人才培养、专业建设、科学研究等中长期发展规划，在高校的统一领导下制订3到5年的固定资产配置规划。在编制年度财务预算时，应按照高校制订的固定资产配置规划，在摸清固定资产存量及其使用情况的基础上，对各部门申报的增量固定资产进行综合评审，先在校内调剂使用长期低效运转或者闲置的固定资产，在确实无法调剂使用的情况下，再安排年度固定资产购置预算，杜绝盲目购置。

7. 让固定资产实现"双线"共享

高校内部可施行"线上"与"线下"相结合的资源共享机制，将超标配置、低效运转或长期闲置不用的固定资产信息输入共享池，以供集中管理、调剂使用，从而降低固定资产的购置、闲置成本。对价格昂贵且利用率较低的专用设备及教学场馆，利用物联网技术和二维码标签，引导和支持更多单位通过扫码实现固定资产共享共用，提高固定资产使用效率，推进固定资产管理集约化。

8. 强化事中、事后的跟踪监管

对于固定资产采购执行、资产租借、处置、投资等环节，除了对审批节点的重点关注，还应加强其事中、事后的跟踪监管。通过利用信息化的手段和数据分析，对事中、事后的数据与事前审批的数据进行分析比对，全面反映各环节的数据透明、过程留痕以及效益实现情况。例如，变卖固定资产过程、处置收入及租借合同履行情况等，均应纳入信息管理系统，为决策分析与绩效评价建设提供数据支撑。

9. 加强内部监督，完善绩效评价

高校应当明确各相关部门或岗位在固定资产管理内部监督中的职责权限，规定内部监督的程序和要求，对内部控制建立与实施情况进行内部监督检查和自我评价。同时，要建立健全定量和定性相结合的固定资产管理绩效评价体系，创新评价计算方法，立足多维视角和多元数据，利用"成本效益法""比较法""因素分析法"等，提高固定资产管理绩效评价结果的客观性和准确性。评价指标的确立，坚持以固定资产的管理效益为前提，对操作规范性、费用合理性、固定资产利用率、卡片信息错误率、及时性等作为指标把控元素，并给予相应的奖惩。

二、高校无形资产管理措施

无形资产是相对于有形资产也就是固定资产的另一种资产形态，指的是不具有实物形态而能为使用提供某种权利的资产。无形资产包括商标权、著作权、土地使用权、非专利技术、商誉及其他财产权利等，具有自创性、高效益性、无可比性等特点。

由于大部分高校只注重有形资产的使用、管理与核算，往往忽视了对无形资产的管理。重有形资产管理而轻无形资产管理、重实物形态资产管理而轻非实物形态资产管理的现象非常严重，再加上缺少相应的规章制度及科学的评估体系，导致高校无形资产流失现象日益严重。为了激发科研人员的研发潜力，为了使无形资产能更好地发挥经济效益和社会效益，高校应着重加强对具有自创性的无形资产的管理，建立科学的规章制度，对无形资产进行科学准确的价值评估。

1. 提高管理意识，加强制度建设

高校要加大对无形资产重要性的宣传，并成立无形资产管理部门。要通过制订无形资产管理的各项规章制度，明确师生应承担的责任和义务，同时也要求无形资产管理机构及有关人员严格执行无形资产管理的各项规章制度，做到秉公办事，使无形资产管理尽快走向规范化、制度化，使无形资产的管理"有法可依"，从根本上杜绝无形资产流失的情况发生。

2. 管理好高校自创的无形资产

高校除了对从外购进的无形资产进行管理之外，还必须设置一个专门的部门，对高校自创的无形资产进行统一的管理。例如，以高校的声誉在国内外招收各类学生，以高校的声誉与国内外大学或企事业联合办学，联合招收和培养研究生的招生事项的管理，对高校组织编写的教材、讲义、学生毕业论文或学位论文的著作权及使用权，高校专利技术的申请、维护、转让、使用、出售等，这些都是高校自创的无形资产，一定要管理好。

3. 建立无形资产评估体系

高校无形资产没有实物形态，能在较长时间内为高校提供经济利益，其所提供的未来经济利益具有高度不确定性。鉴于高校无形资产的这些特点，在对无形资产进行计价时，高校应以投入的科研资金及智力成本为主要计算依据，并且充分考虑到日后的经济及社会效益，从而对无形资产的价值进行一个准确评估，以便日后投资或者转让确定合理时的交易价格。

4. 建立激励机制，激发科研人员潜能

通过对高校无形资产的管理，可以防止无形资产的流失和盗用，保护无形资产的完整，更为重要的是协调好无形资产与高校其他资源的搭配组合，促进高校无形资产价值的转化，更好地发挥其经济与社会效益。这是高校及某些无形资产管理的根本目的。无形资产特别是技术类无形资产，其价值的时效性很强。因此，高校要真正促进技术类无形资产的产生，就必须运用合理的激励机制来激发科研人员的研发热情和内在动力，使他们能够快速地、不断地创造出更新、更高的技术成果。

三、高校流动资产管理措施

高校流动资产是指可以在一年以内变现或者耗用的资产，包括现金、各种存款、应收款及暂汇款项、借款、存款等。

作为高校资产的重要构成部分，高校流动资产管理对于维持高校工作的正常以及高效运转发挥着十分重要的作用。同时，高校流动资产的管理状况也将会直接影响到国家教育经费的合理使用以及高效利用，进而影响到人才的培养层次以及经济社会的发展层次。随着人们对高等教育需求的不断增强，随着国家对高等教育投资力度的不断加大，高校应加大流动资产管理力度，促进高校流动资产的合理使用以及高效利用。

1. 充分认识国有资产管理的重要性

公立高校的资产属于国有资产。高校资产管理是一项复杂的系统性工程，这项工作的意义和价值众所周知。高校所有员工不仅要重视对国有资产使用过程的管理和监督，还要特别关注资产形成以后的保值、增值与效益的提高。只有这样，才能真正将高校资产的高效管理从口号变为行动，才能收到良好的效果。另外，还需要从制度建设上着眼，做好顶层设计，构建科学高效的内部控制管理体系。各个部门也应该严格地按照高校的具体规定去实施内部

管理制度，负责日常具体的资产管理工作，从而实现其资产的高效配置，最终提升资产管理的效率。

2. 加快实施资产信息化管理方式

实践经验表明，资产效率的提升，日常工作效率的提升，都离不开信息化的手段，因为信息化有利于迅速地发现管理行为中的诸多问题，从而采取相应的措施予以解决。因此，高校需要加强流动资产管理网络化建设。对流动资产实施信息化管理，就是通过使用诸如计算机、网络通信等工具和手段，来实现资产管理数据传播的及时化、跨区域化以及高效化。高校流动资产的管理必须在管理方式以及管理手段的选择上借助于网络、计算机等现代工具，进而提升高校资产特别是流动资产的管理水平。

3. 将资产管理与预算管理相互结合起来

资产预算有利于更好地提升资产管理水平，进而促进企业各项活动的高效开展；而资产预算管理又有利于规避资产管理中的诸多不合理因素，进而实现资产管理的高效化。大量成功实践表明，资产管理与预算管理相结合的管理模式已经成为提升企业资产管理水平的有效途径。因此，高校除了自身应不断提升其资产管理水平外，还应该在购置资产时先行编写资产购置计划，并将资产购置计划纳入高校的部门预算之中，从而使部门预算成为杜绝高校资产不合理利用的一个重要约束机制。同时，高校各个单位和部门也应该严格地按照预算和政府采购办法来指导自身的资产购置行为，并最终建立资产预算监督管理机构，以指导自身的执行情况。

4. 坚持定期开展清查监督工作

高校资产管理的合理化、高效化，必须从建立专门的监管小组开始，通过资产采购计划制、项目立项审批监管制、领用保管使用备案制以及资产报废审核制等方面，实现资产全过程、全方位的审批监管机制，从而确保高校资产购进的透明、使用的公开以及报废的合理性等。通过开展高校资产清查以及核算工作，可以较为全面地摸清高校各个部门以及各个环节的资产入账以及出账情况。对高校资产特别是对高校流动资产的清查与核算工作来说，通过定期开展清查，既是优化高校资产，进而促进高校资产管理水平渐趋理性的选择，也是优化社会资源配置、提升社会结构渐趋理性的一条路径。

四、高校对外投资管理措施

高校对外投资是指高校依法利用货币资金、实物、无形资产等方式向其他单位的投资。高校的对外投资在一定程度上调动了高校的积极性和主动性，促进了高校经济总量的持续和快速增长。但高校的对外投资目前却存在一定的问题和隐患，因此高校必须采取必要的措施，来加强对外投资的管理。

1. 对投资项目进行可行性研究，并履行有关审批程序

高校应制订对外投资审批管理办法，建立操作可行、管控明确、机制灵活的管理体制，并进一步明确高校内部投资审批制度。首先，高校所有对外投资应进行充分的项目可行性论证和风险评价。其次，要建立对外投资决策制度，实行集体讨论、民主决策，避免投资主观性。最后，要明确对外投资的审批权限和程序，严格按照权限和程序执行。

2. 规范对外投资企业的经营管理

高校要成立资产管理专业机构，第一步是在高校建立国有独资性质的产业实体，比如高校资产经营公司；第二步是以实体公司的形式对外投资，其他的团体或者个人不允许对外进行投资，规避高校直接经营企业的经济和法律风险，确保国有资产的保值增值；第三步是实体产业集团全权负责高校的对外经营活动，积极引入社会资金，促进校办企业股东多元化，实现产权清晰、资产明确、校企分离。

要对高校资产进行分类管理，明晰资产权属，实现有偿使用成本核算。高校经营性资产与非经营性资产分类建账、分开管理。高校经营性资产划归资产公司具体运营，承担保值增值的责任。对于所办企业占用高校房产、无

形资产、技术成果等相关资产，采用收取租金、相关使用费等有偿使用原则。

要规范企业法人治理结构。按照现代企业制度的要求，完善以股东会、董事会、监事会为代表的企业"三会"法人治理结构，形成各负其责、协调运转、有效制衡、机制灵活的管理体制。

要建立科学合理的绩效评价和激励约束机制。高校应明确被投资企业负责人的经济责任。每年对被投资企业下达业绩考核指标，签订责任书，年终进行考核，提出奖惩和任免建议。被投资企业经营管理者要定期向高校报告日常经营状况，对发生的重大采购、重大资产出售和处置、重大诉讼及仲裁等事项，要及时报告。

3. 建立健全投资管理监督机制

要建立健全行业活动和投资行为监督管理的基本制度。明确可供投资的资产、投资方向、外商投资决策的内部审批权限和程序、高校对国有资产运营的监督责任，以及国有资产保值增值责任主体和投资决策责任制。

要建立健全投资企业高校干部管理制度。明确哪些企业应派出管理干部，哪些高校人员不能在企业服务。明确干部选拔任用程序、重大事件报告制度、外派人员考核奖惩责任制。

要建立健全校办企业财务监督机制和审计监督机制。被投资企业必须严格执行企业会计准则、会计制度和各项内部财务管理制度，及时报送有关财务报表和财务资料，接受投资者的检查和监督，定期委托中介机构进行财务审计。对经营不善、财务状况差、亏损严重的企业，要清理整顿，及时化解投资风险；引导外国投资者投资国有企业，实现资产增值。

4. 参照《企业会计准则》相关规定进行会计核算

为规范高校会计核算，保证会计信息质量，财政部于 2012 年 12 月 30 日发布了《高等学校会计制度》，自 2014 年 1 月 1 日起施行。新制度把对外投资按性质划分为"短期投资"和"长期投资"，高校投资核算发生了很大的改变，但并未对利用实物资产、无形资产形成的长期股权投资被处置时产生的价款核算业务做具体说明。为了进一步完善对外投资核算，高校对外投资要按事业单位资产处置的相关规定进行会计核算。可以参照《企业会计准则》中关于长期股权投资和金融工具的确认和计量的核算要求，增设"对外投资公允价值变动""对外投资减值准备"等科目，对对外投资持有期间账面价值进行调整，使其能够及时反映盈亏变动情况，真实体现高校对外投资的实际价值。

参考文献

［1］教育部经费监管事务中心.高校内部控制风险点梳理和基本制度框架参考［M］.北京：中国地质大学出版社，2018.

［2］贾小强，郝宇晓，卢闯.财务共享的智能化升级：业财税一体化的深度融合［M］.北京：人民邮电出版社，2020.

［3］刘罡.高校财务内部控制实务［M］.北京：中国农业大学出版社，2018.

［4］洪涛，戴永秀，王希.高校财务内部控制建设与风险防控体系研究［M］.北京：中国财富出版社，2019.

［5］施建军，杜元炳，李杰.高等学校财务评价体系研究［J］.教育财会研究，1995：40-43.

［6］陈华凯，刘贵，王晓东，等.建立高等学校财务状况分析指标体系初探［J］.教育财会研究，1995（3）.

后 记

我国的财务内部控制的规章制度在日渐完善,《政府会计制度》也正在深入实施。在新形势的时代背景下,加强对高校财务内部控制管理不仅能够有效地提高资金利用率,降低在运营过程中高校的各项支出,强化高校的财务管控力度,还能有效地避免违规现象的出现,进一步促进高校财务内部管理的科学性和全面性。但是在现阶段发展的过程中,高校不断扩大的办学规模和有限的建设资金之间的矛盾日渐突出,而在财务内控管理上缺乏一定的实效性导致了某些问题的出现。某些高校财务人员尚未意识到内部控制建设的重要性和迫切性,财务工作仍主要停留在核算处理上,对于财务结构、权责分配、人力资源政策、内部审计机制等内容的建设缺少前瞻性考虑,导致内控制度长期处于被动状态,有悖于其防患于未然的初衷。我国高校财务内部控制制度建设任重而道远!

新形势、新技术使高校的环境发生了巨大改变,完善高校财务内部控制系统不是一朝一夕的事情,在采用新型内部控制手段时,也应该结合传统有效的内部控制方式。高校管理工作者应在传统的内控观念基础上,充分利用信息技术,开展财务内控创新工作,建立与时代和环境相适应的财务内控制度,更好地满足高校经营管理的需要。